ZWILLINGE

das Magazin

Das Mitmach-Magazin für Zwillings- & Drillingseltern

Band 26
Mai/Juni 2017

FSC
www.fsc.org
MIX
Papier aus verantwortungsvollen Quellen
Paper from responsible sources
FSC® C105338

Postfach 40 11 11
D-86890 Landsberg
Tel. 0049-(0)8344-809 95 39
info@twins.de
www.twins.de
Redaktion: Marion von Gratkowski
Titelfoto: Familie Fading
Fotos & Texte: Privat
Herstellung & Verlag: BoD - Books on Demand, Norderstedt
1. Auflage im Mai 2017
ISBN 978-3-7448-1375-4
auch als E-Book

INHALTSVERZEICHNIS: Ausgabe 26

2 Impressum

3 Inhaltsverzeichnis

4 Editorial

5 Bezugsbedingungen

8 Schwangerschaft: Dann sind's diesmal halt Zwillinge

16 Armband misst die Fruchtbarkeit

18 Immer diese blöden Sprüche

20 Schnelle Tipps - praktische Ideen

22 Essen lernen

24 Babybrei aus dem Thermomix

25 Ihre Beiträge in unserem Heft

26 Becherkuchen: kinderleicht backen

28 Küchenhelfer mit System

30 Unser Lastenrad - der idealer Kindertransporter

33 Fahrradfahren lernen - nur mit Helm und Schutz

36 Zwillingsmutter - Bloggerin für's nachhaltige Fahrradfahren

38 Fotoparade: Mobil mit Bobbycar & Co.

40 Zöliakie: unser Alltag mit einer Stoffwechselstörung

44 Neue Erziehungsrichtung: Eltern nehmt es einfach lockerer

49 Zwei Zwillingsmütter: Wir schreiben ein Buch für Zwillinge

52 Janna & Astrid entdecken Neues

54 Drillinge im Kindergarten und manchmal auch zu Hause

58 Pärchenzwillinge: Mädchen haben meist die Nase vorn

60 Forschung: Warum sind die Organe bei Zwillingen spiegelverkehrt?

62 Dänemark: Immer eine Reise wert

66 Ältere Hefte zum Bestellen

68 Zu guter letzt: Zwillinge endlich wieder gleich - die Zahnlücke macht's

ZWILLINGE - DAS MAGAZIN Ausgabe Mai/Juni 2017 Nr. 26: 7,99 Euro

Auch als E-Book für 5,99 Euro.

Bestellbar auf www.twins.de oder im Buchhandel - online & Ladengeschäfte

EDITORIAL: Treppensturz - Kopf & Kragen riskiert

Liebe Leserin, lieber Leser,
liebe Zwillingseltern, liebe Drillingseltern,

ich freue mich, Ihnen die dritte Ausgabe unserer neuen Zeitschrift ZWILLINGE - DAS MAGAZIN Nr. 26 präsentieren zu können. Dass das so reibungslos klappt, war nicht wirklich vorherzusehen. Und das kam so ...

Am 6. März bin ich morgens auf unserer Holztreppe ausgerutscht, als ich zum Frühstücken runter gehen wollte. Wie immer darauf bedacht auf das Motto „kein Weg umsonst", hatte ich die Hände voll (Schmutzwäsche, Handy ...) und dann kam, was mir schon lange vorausgesagt worden ist: Auf der sechsten Stufe von unten rutschte ich aus und flog im „Salto mortale" runter. Und wenn ich schreibe „Salto mortale", dann mein' ich das: ich habe mich überschlagen und sämtliche Körperteile angehauen. Unten angekommen, dauerte es eine Weile, bis ich mich sortieren konnte.

Constantin (von links), Nicolai, Maximilian und Marion von Gratkowski

Schnell war klar, dass ich nicht mehr laufen konnte, aber alles andere schien heilgeblieben. Gott sei Dank.

Als ich mich gefasst hatte, rief ich also meinen Mann an, der sofort aus der Arbeit kam, um mich zum Krankenhaus zu fahren. Und dann das Übliche: OP, Platte, sieben Schrauben, Schmerzen, Liegen, Bein hoch lagern, Liegen, Schmerzen usw. ein ewiger Kreislauf für Wochen.

Arbeiten geht/ging nur auf Sparflamme. Gut, dass die neue Zeitschrift nur alle zwei Monate herauskommt. Und gut, dass ich schon so viel vorgearbeitet hatte. Gut, dass Ihr so viele schöne Beiträge schon geschickt hattet und gerne sollt Ihr das weiter so tun, damit die neue Zeitschrift immer so schön voll wird und viele interessante Themen präsentieren kann.

Mein Fazit aus diesem Treppensturz: Gehe nie mehr auf Socken eine Treppe runter, ziehe immer rutschfeste Hausschuhe an, konzentriere Dich auf die Treppe und nicht auf die vielen Sachen, die Du in der Hand hast, halte eine Hand immer am Handlauf ...

Was eine Mutter oder in diesem Fall, weil meine Zwillinge schon außer Haus sind, eine Frau „wert" ist, sieht man auch immer erst, wenn sie ausfällt. Vielen Dank an meinen lieben Mann, der nun für zwei arbeiten muss ...

Viel Spaß beim Lesen - Ihre/Eure Marion von Gratkowski

ZWILLINGE - DAS MAGAZIN Nr. 27: Was ist darin geplant?

Zu folgenden Bereichen/Themen suchen wir noch Beiträge:

- Schwangerschaft & Geburt
- Stillen/Fläschchen füttern
- Schlaflose Nächte
- Umstellung auf feste Kost (Breit)
- Gartenspaß im Sommer
- Schwimmen
- Streit, Konkurrenz, enge Verbindung
- Kindergartenstart
- Schule
- Basteln & Beschäftigung
- Sport im Sommer
- Urlaubsideen - wie immer gefragt
- Rezepte für das Backen & Kochen mit Zwillingen

Wie Sie Ihre Beiträge schicken können, steht auf Seite 25.

Was finde ich jetzt wo, wenn es hier nicht mehr steht?

- Termine & Veranstaltungen finden Sie ab sofort auf unserer Internetseite www.twins.de
- Eine Übersicht über unser komplettes Buchprogramm finden Sie ebenfalls auf unserer Homepage unter www.twins.de
- Auch all die Hefte der bisherigen Zeitschrift, die man sich noch bestellen kann, sind unter www.twins.de zu finden.
- Neuerungen werden auch auf Facebook auf unserer Seite „zeitschrift zwillinge" bekannt gegeben.

Es lohnt sich also immer, auch einmal einen Blick auf unsere Homepage zu werfen oder einfach den newsletter auf www.twins.de zu abonnieren, da wir Sie dann immer einmal wieder mit unseren Neuerungen bekannt machen.

BEZUGSBEDINGUNGEN

- ZWILLINGE - DAS MAGAZIN löst unsere bisherige Zeitschrift ZWILLINGE ab.
- Erscheinungsweise: zweimonatlich.
- Erscheinungstermine sind: 30. Januar 2017, 27. März 2017, 29. Mai 2017, 31. Juli 2017, 25. September 2017 und 27. November 2017 (unter Vorbehalt) usw.
- Das Magazin kann einzeln oder im Abonnement bezogen werden.
- Einzelhefte kosten 7,99 Euro plus Porto 1,- Euro.
- Abonnements kosten 54,- € befristet auf 1 Jahr; 52,- € fortlaufend bis zur Kündigung eines Tages.
- Abonnements gelten fortlaufend und mindestens 1 Jahr = 6 Hefte.
- Die Kündigung muss schriftlich erfolgen per E-mail an info@twins.de oder per Brief (KEIN Einschreiben!!!) an unsere Adresse:
- ZWILLINGE, Postfach 40 11 11, D-86890 Landsberg am Lech.
- Unser Fax: 0049-(0)8344-809 95 40.
- Einzelhefte und Abonnements müssen vorausbezahlt werden.
- Unsere Bankverbindung: Hypovereinsbank Landsberg, Marion von Gratkowski, IBAN: DE77 7202 0070 6110 3155 60, SWIFT-BIC: HYVEDEMM408
- Zahlung per Paypal geht in Verbindung mit unserer E-mail-Adresse. ABER: **Bitte Gebühren zu Ihren Lasten!**
-
- Unsere Internetpräsenz: www.twins.de, E-mail: info@twins.de
- Etwas unklar? Rufen Sie mich bitte an: Tel. 08344-809 95 39.

Briefe an die Redaktion

Eigentlich wollten wir die Rubrik „Leserbriefe“ weglassen. Aber es wäre doch schade, wenn unsere Leserinnen und Leser keinen Beitrag mehr kommentieren dürften. Also - einigen wir uns darauf, nur zwei Seiten (statt bisher vier) zu veröffentlichen.

Zwillingsmutter Christiane S. beschäftigt sich jetzt „von Amts wegen“ mit der Mobilität von Zwillingseltern. Sie betreibt ein Blog zum Thema Mobilität auf dem Lande: www.radheldin.org

Gern schreibe ich Dir etwas für ZWILLINGE - DAS MAGAZIN. Und ich schicke Dir jetzt auch noch das Foto von einem neuen Dreirad - dem 4 3 - also „übersetzt“: for 3 = für 3. Eine Art Dreirad für Mutter/Vater und zwei Kinder.

Das stelle ich auch auf meinem Blog vor und vielleicht ist es ja auch etwas für ZWILLINGE-Leser?

Das sagt die Redaktion: Ja klar! Wir werden das „4 3“ gerne auch hier vorstellen. In einem der folgenden Hefte ausführlicher. Christianes Beitrag zum Thema „Wie meine Zwillinge fahrradfahren lernten“ steht hier auf Seite 36.

Wie wird das neue ZWILLINGE-Magazin „ankommen“? Wir geben uns Mühe - und Zwillingsmutter Beate freut sich.

Vielen Dank für das neue ZWILLINGE! Wieder eine gelungene Mischung. Es ist eigentlich für jeden etwas drin - für die Eltern von den ganz Kleinen, für die, die schon mit Kindern basteln können, aber auch für Eltern von Teenager-Zwillingen und ich lese auch gern etwas über erwachsene oder ältere Zwillinge. Mein Kompliment an die 70jährigen Brüder Fass! Die haben sich gut gehalten und sicher noch lange Spaß an ihrer tollen Beziehung. Beate W.

PS. Die neue Form finde ich auch gelungen. Liegt noch besser in der Hand ... ;-))

Das könnte ein tolles Fahrrad für Zwillingsfamilien sein.

Bleiben wir beim Thema „Fahrradfahren & Familien". Dazu gibt es ein ganz tolles und ausführliches Buch: Das Familien-Fahrrad-Buch. Wir verlosen es immer noch gegen einen Beitrag - vorzugsweise zum Thema „Mobil bleiben".

Gunnar Fehlau versorgt Journalisten mit Themen rund ums Fahrrad. In diesem Buch hat der Fahrradspezialist all seine Kennnisse zusammengefasst und ein wirklich informatives und praktisches Buch zum Thema Fahrrad & Familien zusammengestellt.

Natürlich kann man das Buch auch kaufen, wenn man es nicht gewinnt oder gegen einen Beitrag eintauscht. Allerdings wird es nur noch gebraucht angeboten.

Gunnar Fehlau, Caspar Gebel, „Das Familien-Fahrrad-Buch - vom Kinderanhänger bis zum Jugendrad."

Zwillingsmutter Petra M. will wissen: Wie bringe ich meine Zwillinge dazu, den Schnuller wegzulassen? Dazu hatten wir eine Internetseite dazu vorgestellt: www. www.weg-vom-schnuller.de. (Heft 25)

Mit Interesse habe ich das Thema „Schnuller weg - so geht's" erwartet. Die Seite, die Ihr empfohlen habt, war ganz interessant. Im Prinzip weiß man ja wie's gehen könnte ... das dann aber durchzuhalten, ist der Knackpunkt. Vielleicht sollte ich doch mal in den Zoo gehen? (Anm. d. Red.: Damit spielt Petra auf „Zu guter letzt" an, wo wir über einen diebischen Affen berichtet hatten ...) Wir probieren es jetzt zu Ostern nochmal - mit einem Schnullerbaum, der in einen Osterbaum (mit entsprechenden Geschenken) getauscht wird. Seit Tagen sprechen wir schon davon. Ob's hilft?

Weltmeister im „Schnullern": die Zwillinge Leonie & Leon K.

Zwillinge - einfach mal so

Drei Kinder sollten es werden ... Kein Problem für Steffi, die nach dem Kalender ganz einfach schwanger werden konnte. Doch dann kam alles ganz anders. Statt Nummer 3 wurden Zwillinge erwartet. Hausgeburt Ade ... dafür aber Entbindung in angenehmer Klinikatmosphäre.

Drei Kinder hatten wir für uns geplant, alle zwei bis drei Jahre eins, kein Problem, denn ich wurde ganz einfach schwanger - quasi nach Kalender. Ein großer Bruder und zweieinhalb Jahre später eine kleine Schwester, der Plan ging auf.

Dann wurde unsere Nummer 2 größer und anstrengend. Sie wurde so anstrengend, dass wir den Zeitplan nach hinten verschoben. Dabei hatte ich zwischenzeitlich mal gedacht: „Hey, wenn alles gut läuft, ginge ja vielleicht auch ein Viertes, so hinten dran, hinter dem Zeitplan!?“

Die Großen wurden sechs und vier, als wir uns endlich entspannter wiederfanden und nach einigem Für und Wider entschieden wir uns zu NUMMER 3 ...

Recht kurzfristig bastelten wir an einem Septemberkind. Völlig verdattert stellte ich fest, dass Empfängnis doch nicht immer nach Kalender funktioniert.

Neues Spiel, neues Glück ging es im nächsten Monat weiter und dieses Mal hatte es geklappt, keine Periode, alle Anzeichen waren da. Ich rief meine Frauenärztin direkt an und machte einen Termin aus, zwei Wochen musste ich nun warten ...

Dann war er da der große Tag! Mit Mann im Schlepptau ging es in die Praxis. Zur Untersuchung ging ich allein. „Man sieht doch eh noch nicht viel!“ meinte der werdende Papa und blieb arbeitend im Wartezimmer zurück, Laptop auf dem Schoß.

Voller Vorfreude, hindrapiert auf diesem

unmöglichen Stuhl, starrte ich auf den schwarzen Bildschirm, der mir gleich das gewohnte Miniblasendings zeigen sollte, das zu meinem nächsten Baby heranwachsen würde. Der Schallkopf des Ultraschallgerätes suchte und fand. „Ja, ich sehe da definitiv eine Fruchtblase!" sagte meine Ärztin ... „Ich sehe ZWEI Fruchtblasen!" folgte. Grinsend lag ich auf diesem ... na, Ihr wisst ja, Stuhl. „Mal sehen, ob beide gefüllt sind." Diesen Satz erlebte ich bereits als Zwillingsmami. Die Vorstellung, dass aus einer Blase nichts werden könnte war sofort eine ganz schreckliche Aussicht. Aber beide waren vorerst gut zu erkennen und gefüllt. Wir sprachen noch darüber, dass es doch noch passieren könne, dass ein Baby sich nicht entwickelt und machten einen zeitnahen Folgetermin aus.

Bitte sagen Sie jetzt nichts ...

Bevor ich den Untersuchungsraum verließ, bat ich das Team, meinem Mann nichts zu sagen, ich wusste, dass er Angst davor hatte, Zwillinge zu bekommen und wollte auf dem Heimweg nicht mit dem Auto in einer Mauer enden.
Ich sammelte also den Gatten im Wartezimmer ein, erzählte ihm, dass die Schwangerschaft ganz klar besteht und wir gingen zum Empfang, um das übliche Infopaket mitzunehmen und restliche Anweisungen zu bekommen. So standen wir da, mein Mann, ich und das gesamte Praxisteam inklusive der Ärztin als mein mir Angetrauter eine Frage stellte, mit der ich nicht gerechnet hatte. „Es ist jetzt aber nur ein Baby, oder?" ...
Ich war völlig perplex, wollte doch die Zwillingsinfo ganz vorsichtig zu Hause platzieren.
Mein Lieblings-Praxisteam prustete über den Tresen und begann hysterisch zu kichern, während ich mich „Jetzt gerade sind es zwei Babys ..." sagen hörte.
Ein paar Tage später hatte auch der Papa sich mit dem Gedanken an Zwillinge arrangiert. Das nächste Highlight war dann der siebte Geburtstag unseres Erstgeborenen. Die ganze Familie würde kommen, ein guter Zeitpunkt, allen von der Schwangerschaft zu berichten. Ich bereitete ein kleines Gedicht vor, das auf einen Zettel geschrieben wurde. Während Kaffee und Kuchen verspeist wurden, durfte nun Uroma den Brief öffnen und laut vorlesen:

„Was kann es Schöneres geben als ein
kleines, neues Leben?
Zwei kleine, neue Leben!
Wir erwarten unsere Zwillinge im Oktober
2015!"

Stille legte sich über die Familie, Gesichter entgleisten und versteinerten. Gefühlte 15 Minuten später lösten sich alle aus der Schockstarre, aber große Vorfreunde wollte sich anscheinend bei niemandem einstellen, die Glückwünsche waren zurückhaltend. So musste auch der Rest der Familie sich mit dem Gedanken an Zwillinge und somit vier Enkeln bzw. Urenkeln zurecht finden.

Aus der Hausgeburt wird nix.

Ein paar Dinge gab es nun zu planen, so hatte ich ursprünglich für das dritte Kind eine weitere Hausgeburt angedacht, entsprechend Hebammen gesucht. Hier wurden nun die Pläne umgeworfen. Zwillinge und Hausgeburt finden die Versicherungen nicht so lustig. Durch mein Patenkind war mir das relativ nahgelegene anthroposophische Krankenhaus bekannt und dieses war auch die Alternative, die für mich in Frage kam, um dort meine Zwillinge zu entbinden, denn eins stand für mich außer Frage, diese Kinder sollten auf natürlichem Wege zur Welt kommen! Ich fand mit einigem Suchen eine Beleghebamme und eine andere für die Nachsorge.

Es folgte eine entspannte, unauffällige Schwangerschaft. Die Kinder entwickelten sich nach Lehrbuch, wie auch ihre großen Geschwister zuvor. Natürlich wurde alles etwas gründlicher kontrolliert, zweimal ging es zur Pränataldiagnostik beim Fachmann. Auch dort war alles unauffällig, Krankheiten wurden hochgerechnet und als unwahrscheinlich diagnostiziert. Meine Frauenärztin, die Hebamme und auch das Klinikteam waren mit dieser Schwangerschaft sehr zufrieden. Das Geschlecht der zwei Minis ließen wir uns allerdings nicht verraten!

Unser heimlicher Tipp nach Bauchgefühl: Ein Pärchen.

Ich war entspannt, körperlich gut unterwegs, machte Schwangerenyoga und blieb aktiv. Als sich die 30er Wochen näherten und doch langsam einiges mühselig wurde, suchten wir Hilfe. Vorerst wurde der Nachbarssohn dazu geholt. Gartenarbeit, Gassigänge, das übernahm nun teilweise unser „Mädchen/Junge für Alles".

Mit Beginn der 30er Wochen musste ich dann mehr zurückschrauben, meine Frauenärztin bat mich mehr Ruhe zu halten, zu Fuß war ich kaum noch zu gebrauchen. Der Bauch war doch schwer, die Beine dick, so wurden Sofa und Stillkissen meine besten Freunde. Zu diesem Zeitpunkt kam eine Putzhilfe zur weiteren Unterstützung dazu. Das Stillhalten, während andere arbeiteten, musste ich erst lernen.

An einem Freitagmittag spürte ich dann Wehen. Nach und nach wurden sie regelmäßiger, allerdings nicht besonders stark. Aber „Das wird schon noch!" dachte ich bei mir, veratmete, entspannte und ging in den Geburtsmodus.

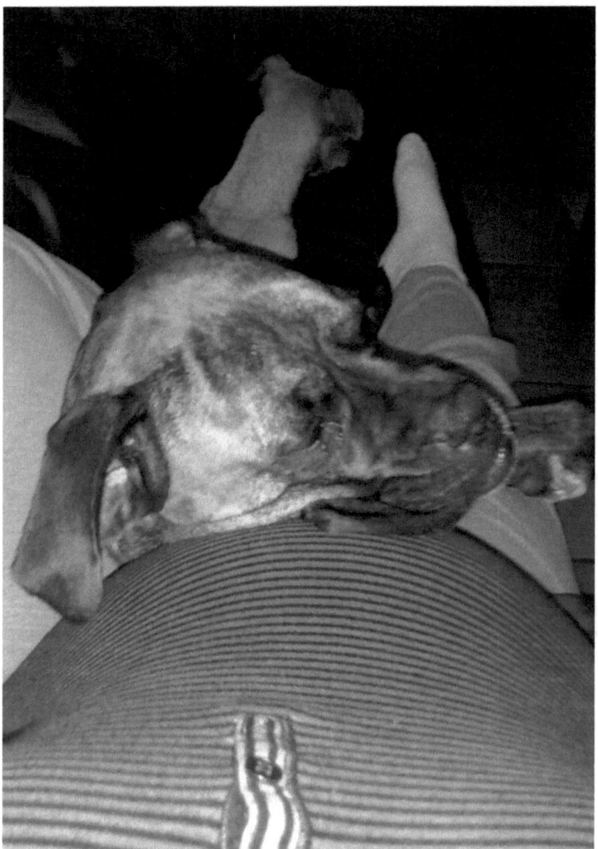

Gemütliches Liegen für alle auf dem Sofa ... das Nichtstun musste Steffi erst noch lernen, während alle anderen arbeiteten. Die Hunde können das Nichtstun schon ganz gut ...

Der Nachbar kam, um bei der Kinderbetreuung zu helfen, nutzte die Zeit in meiner Küche und pantschte Erdbeerwodka für die kommende Party. Wir hatten alle furchtbar Spaß, die Kinder schredderten die Erdbeeren mit dem Pürierstab, ich half Flaschen abzufüllen und versuchte Chaos zu vermeiden, zwischendurch immer innehaltend für meine Wehen.

Es wurde später Nachmittag, mein Mann sollte bald nach Hause kommen, da gingen meine Wehen zurück. Dieses Wochenende gab es dann keine Zwillingsgeburt.

Ein paar Tage später, mittlerweile hatte ich die 38. Woche ohne weitere Wehen erreicht, stand der nächste Kontrolltermin im Krankenhaus an. Fröhlich und guter Dinge, in dem Wissen, dass das Krankenhaus mein Pläne für eine spontane Geburt unterstützt und auch sonst sehr entspannt war, was diese „Risikoschwangerschaft" anbelangte, fand ich mich zum wiederholten Male auf der Liege für die Ultraschalluntersuchung. In den letzten Wochen dieser Schwangerschaft empfand ich diese Ultraschallkontrollen in etwa wie eine Yogasession. Leicht seitlich liegen, ein Bein zur Seite eins an die Wand, hier noch etwas eindrehen, es ging sehr gymnastisch zu.

Spannend: Hört man schon was?

Nun stellte sich heraus, dass eins der Babys etwas kleiner war. Vorher waren sie immer gleichauf in ihrer Entwicklung. Zusätzlich war bei diesem Baby die Plazenta schon ziemlich gealtert und tat ihren Dienst nicht mehr zu 100 Prozent.

Da die Schwangerschaft so weit fortgeschritten war und ich ja nun auch schon Wehen gehabt hatte, war die Empfehlung unserer Krankenhausärztin, die Geburt anzuregen. Ich bekam Nelkenöl für Nelkenöltampons und pflanzliche Mittel zum Anregen der Wehentätigkeit mit nach Hause. Mein Folgetermin wurde zum nächsten Tag angesetzt, sollte ich bis dahin keine Wehen bekommen, würden wir die Geburt mit Gel einleiten. Zum Glück waren die großen Kinder zu diesem Zeitpunkt in den Ferien bei Oma und Opa, so konnten wir alles stressfrei angehen.

Trotz aller Anregung tat sich zu Hause leider gar nichts und so fuhren wir am Donnerstagnachmittag erneut ins Krankenhaus. Im gut besuchten Kreißsaal nahm man uns in Empfang und brachte uns nach einigem Warten zum obligatorischen CTG. Aufgeregt, in dem Wissen, dass meine Babys in den nächsten Stunden in meinen Armen liegen würden, lag ich da und amüsierte mich ein letztes Mal über ein Zwillings-CTG. Bei einem Kind glaubt einem schon keiner, dass man weiß , wo es liegt, bei zwei Kindern ist es nicht besser.

Das CTG war quasi unbrauchbar ...

Nun ja, das CTG war unbrauchbar, die betreuende Hebamme verschwand gestresst und ward nie mehr gesehen ... Mein Mann und ich wunderten uns, blickten uns fragend an und fanden das Ganze irgendwie doch witzig. Nach über einer halben Stunde entschlossen wir uns zu klingeln. Statt einer Hebamme kam gleich meine Ärztin, blickte kurz auf das ziemlich sinnfreie CTG, sprach kurz mit uns und versuchte selbst ihr Glück mit den Zwillingen. CTG hin, CTG her, irgendwann kam sie wieder, das Gel im Gepäck.

Ich bekam mein Gel gelegt und wurde dann stationär aufgenommen. Ich hatte etwas über die Einleitung mit Gel gelesen und wusste, es kann recht schnell und stark oder auch langsam oder gar nicht funktionieren. Gut zu wissen! Ich vermutete bei mir die unangenehme Variante.

Eine freundliche Krankenschwester brachte uns auf mein Zimmer und wollte uns gern noch etwas Gutes tun. Auf die Bitte meines Mannes brachte sie mir ein Abendbrot, das wir uns teilten.

Danach machten wir es uns auf dem Bett bequem, wir waren doch erschöpft.

Mein Mann schlief prompt am Fußende ein, ich hingegen lag wach und kribbelig im Halbdunkel und hing meinen Gedanken nach. Irgendwann wurde ich auch ruhiger und versuchte wenigstens etwas zu dösen.

Keine fünf Minuten später gab es einen heftigen Ruck im Bauch, ich weiß bis heute nicht, was das genau war, es fühlte sich an, wie ein Tritt Richtung Geburtskanal. Vielleicht rutschte in diesem Moment das erste Baby tiefer. Auf jeden Fall war ich wieder hellwach! Anderthalb Stunden nach Legen des Gels kamen sie auch schon ... die Wehen, sehr deutlich. Ich schaute auf die Krankenhausuhr und kontrollierte die Abstände, alle fünf Minuten und sie wurden schnell stärker. Ich weckte meinem Mann und erklärte ihm, dass ich Wehen hätte, die nur noch schlimmer werden könnten. Wir klingelten nach der Schwester und waren dann auch schnell auf dem Weg zurück in den Kreißsaal. Der Weg über den Flur war schon beschwerlich, die Wehen waren schnell heftiger geworden und nicht sanft angestiegen in ihrer Intensität, wie ich es von den anderen beiden Geburten kannte.

In einem Wehenzimmer wurden wir „geparkt" und die Ärztin kam wieder dazu, sie bemerkte auch, wie rasant die Wehen über mich herfielen und versuchte in den Wehenpausen, mit Hilfe eines pflanzlichen Präparates, den Rhythmus der Wehen zu regulieren.

Knallharte Wehen - fast ohne Pause.

So hing ich am Fußende eines Bettes und kämpfte mit knallharten Wehen, nur alle zwei Wehen hatte ich eine kurze Pause und ich hatte ANGST. Der große Kreißsaal wurde für uns vorbereitet, schließlich sollten darin im Ernstfall nicht nur das Team zur Entbindung inklusive meiner Beleghebamme, sondern auch Kinderärzte, Anästhesisten und sonst wer Platz finden. Ich hatte während der Schwangerschaft schon Witze gemacht, wir könnten ja den Männergesangsverein und das Fernsehen dazu bestellen.

Als alles bereit war durften wir in den gro-

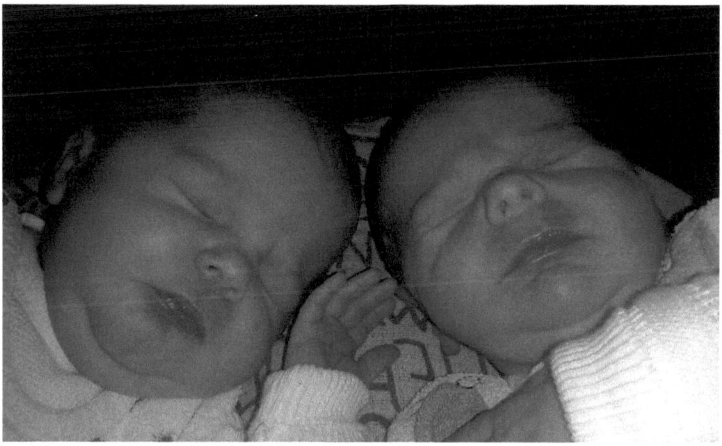

Es ist geschafft: Juna und Kian sind da und komplettieren die Familie, die schon zwei Kinder hat. Alles ist gut gegangen und jetzt heißt es nur noch den turbulenten Alltag meistern.

ßen Kreißsaal wechseln. Auf dem Flur bemerkte ich schon den Druck nach unten und MIR war klar, dass Baby Nummer 1 nicht mehr lange brauchen würde, leider hörte niemand meine Warnung.
Am Kreißbett angekommen, musste dann ratzfatz alles unten herum an Kleidung weichen, das bereit gelegte „Geburtsshirt" längst vergessen. Es ging alles so schnell, die Details sind mir gar nicht mehr so bewusst ...
Irgendwann war ich endlich im Vierfüßler-Stand auf dem Kreißbett, das Kopfende wurde ganz steil gestellt, so dass ich mich in der Matratze festkrallen konnte. Meine Hebamme war mittlerweile auch eingetroffen. Es sollte ein Funk-CTG angeschlossen werden, was leider durch die Lage der Kinder, nicht wirklich klappte. Ich bekam einen Pulsmesser an den Finger, ein nerviges, kleines Gummiüberstülpsel, dass ich im Verlauf der Geburt noch einige Male unter Gemaule entfernen ließ, weil es mich in meiner Konzentration störte! Nun sollten aber die Kinder weiter überwacht werden, also beschloss die Ärztin, dem in Startposition liegendem Baby, eine Sonde an den Kopf zu legen. Ja, richtig! Zu diesem Zeitpunkt befand sich das kleine Menschlein noch in mir, was bedeutete, dass ich im „Vierfüßler" hing und die Ärztin in Tierarztmanier in mir herum werkelte. Das war wirklich mein Gedanke ... „Wie die Kuh beim Veterinär"! Unangenehm!!! Und es brachte leider nichts.
Mittlerweile spürte ich einen wachsenden Pressdrang. Da ich völlig konzentriert diese wilden Wehen veratmete und überhaupt keine Kraft und Aufmerksamkeit auf die Kommunikation mit dem Team hatte, kam mir der Gedanke:
„Jetzt presst du bei der nächsten Wehe einfach, dann sehen sie schon, dass das Kleine kommt!" Gedacht, getan, ich presste los und siehe da, die Sondenwühlerei hatte ein Ende und ich hörte noch die Ärztin sagen. „Oh, das Kleine kommt schon!" Innerlich konnte ich mir in diesem Moment ein Grinsen nicht verkneifen.

Sturzflut und erster Zwilling ...

Unter einigen Presswehen kam der erste Zwilling auf die Welt. Er brachte Jede Menge Fruchtwasser mit und sorgte für eine unterhaltsame Überschwemmung des Bettes und eventuell auch des Teams. Ich durfte mich umdrehen und da lag mein erstes Baby. Ein kleines, zartes Wesen ... ein kleiner Junge, knappe 2.500 Gramm.
Ich konnte mich nicht satt sehen an diesem

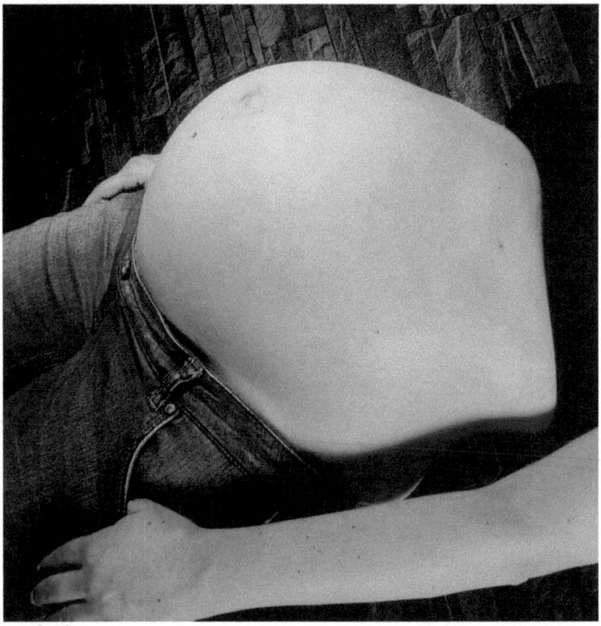

Ganz schön groß ... die schmale Steffi hat doch tatsächlich Platz für ein Zwillingspärchen ...

kleinen Wunder. Während wir kuschelten und ich zusammen mit dem frisch gebackenen Papa den süßen Buben bestaunte, kümmerte sich das Kreißsaal-Team um den ungeborenen Zwilling Nummer 2. Es wurde nach der Lage getastet und dann hieß es, wir würden uns auf eine Beckenendlage vorbereiten, dafür wäre die Vierfüßler-Haltung auch sehr passend. Ich gab mein nagelneues Baby dem Papa und ging in meine beliebte Position, alles unter kontrollierenden Händen des Teams und plötzlich hieß es: „Es dreht sich!" Das Ultraschallgerät wurde herbei gerollt und geschaut. Tatsächlich versuchte das zweite Wunder, sich in Geburtsposition zu bringen mit Kopf voraus. Mit einigen Handgriffen half die Ärztin dem Baby sich zu drehen. Die Wehen, die während meiner Kuschelzeit pausiert hatten, setzten wieder in alter Gewalt ein und weiter ging es kniend wie zuvor. Ich kämpfte und atmete und presste, aber dieses Kind wollte bzw. konnte nicht heraus. Die Ärztin bat darum, die Anästhesie zu verständigen und auch ich hatte das Gefühl, es nicht allein zu schaffen. Meine Gedanken gingen zu Saugglocke oder ähnlichem. Ich versuchte es weiter, aber an einem Punkt war einfach kein Vorankommen.

Irgendwann bat man mich, mich ins Tuch zu hängen, dass über dem Bett angebracht war. Ich griff kräftig hinein und bei der nächsten Wehe zog ich mich hoch ins Tuch. Es muss sehr witzig ausgesehen haben, wie ich versuchte die Krankenhausdecke zu erreichen. Irgendjemand sagte: „Nicht hochklettern, häng' dich hinein!" Und das tat ich dann ... Die nächste Wehe kam, ich hängte mich tief ins Tuch, Beine weit in die Hocke und es stockte wieder. In diesem Moment war mir klar, dass es jetzt nochmal alles an Kraft von mir brauchte. Ich fürchtete, wenn die nächste Wehe es nicht bringt, muss durch die Ärzte geholfen werden. Also presste ich mit allem , was ich zur Verfügung hatte.

Und plötzlich mit einem starken Ruck, war es geschafft, Baby 2 rutschte auf das Bett und war geboren. Fast 30 Minuten nach seinem Bruder war es da. Als ich mich umdrehte, sah ich dort ein sehr lilafarbenes Kind, das alle Viere von sich streckte und auf dem Rücken lag. Das Team war allerdings ruhig und entspannt, also ließ ich den Schreck vorbei ziehen und da meine Beine nachgaben, bat ich darum mir das Bündel anzureichen. Es war ein Mädchen, gesunde 3.600 Gramm schwer, als Sternengucker geboren. Mein erster Gedanke, als ich sie dort liegen sah war: „Hallo, du kleiner Bumsschädel." Und dann wurde weiter gekuschelt.

Dieses Kuscheln war ja schon etwas anderes als bei einem Baby. Sonst gibt man sich ganz diesem einen Wesen hin und staunt, stundenlang. Doch nun waren zwei kleine, knubbelige Wesen da. Ich weiß noch, wie ich irgendwann zu meinem Mann sagte: „Gib mir doch nochmal das andere Baby!" Mit den Namen ließen wir uns Zeit und konnten uns erst am dritten Tag auf Kian und Juna einigen.

In den nächsten Tagen gab es einige Glückwünsche auch seitens des Krankenhauspersonals. Was mir und meiner Zimmernachbarin bis heute unterhaltsam in Erinnerung ist, viele sagten: „Super, Zwillinge. Junge und Mädchen, das ist ja ein Abwasch!" Wenn ich dann erwiderte: "Wir haben schon einen Sohn und eine Tochter." Kam meist nur noch ein „Oh". Dieses Szenario wurde direkt in den Karten zur Geburt aufgenommen und sorgte für einige Lacher.

Das war also meine Geschichte zu Schwangerschaft und Geburt von Zwillingen. Alles Weitere gehört wohl in ein anderes Kapitel.

(Steffi)

*Und so sieht das Familienleben wirklich aus ... *)*

**) Die schönen Fotos wurden von Sabrina Klein gemacht.*

FRUCHTBARKEIT: Zwillinge auf Bestellung?

Ein Armband checkt die fruchtbaren Tage

Nicht alle, die Zwillinge oder Drillinge bekommen, sind wirklich so „furchtbar fruchtbar" wie es scheint. Für manche Eltern ist es ein langer Weg bis zur Schwangerschaft. Ein neues Armband von Ava checkt, wann die fruchtbaren Tage sind.

Viele Eltern können heutzutage ein Lied davon singen, wie schwierig es war (ist), ein Kind zu zeugen. Nicht wenige Zwillings- und Drillingseltern müssen einen langen Weg durch Arztpraxen und schließlich Kliniken gehen, bevor das Kinderglück klappt.

Da wäre es hilfreich, in den eigenen Körper gucken zu können. Und das geht jetzt ein wenig - mit einem Armband, das anhand von neun physiologischen Parametern feststellen kann, ob der Zeitpunkt, um schwanger zu werden, da ist. Das Schweizer Medizintechnik-Unternehmen Ava hat sich auf Innovationen auf dem Gebiet der weiblichen Gesundheit spezialisiert. Jetzt ist das Ava-Armband, ein Zyklus-Tracker, der auf Basis neuester Technologie die fruchtbaren Tage der Frau erkennt, auch in Europa erhältlich. Seit dem Sommer 2016 gibt es das Armband in den USA, wo es bereits zahlreichen Frauen dabei geholfen hat, schwanger zu werden.

So erfahren Frauen mehr über ihren Körper

Ava ist das erste Sensor-Armband, das den weiblichen Zyklus in Echtzeit analysiert, visualisiert und die Ergebnisse auswertet. Ob eine Frau schwanger werden oder einfach nur mehr über ihren Menstruationszyklus erfahren möchte - Ava

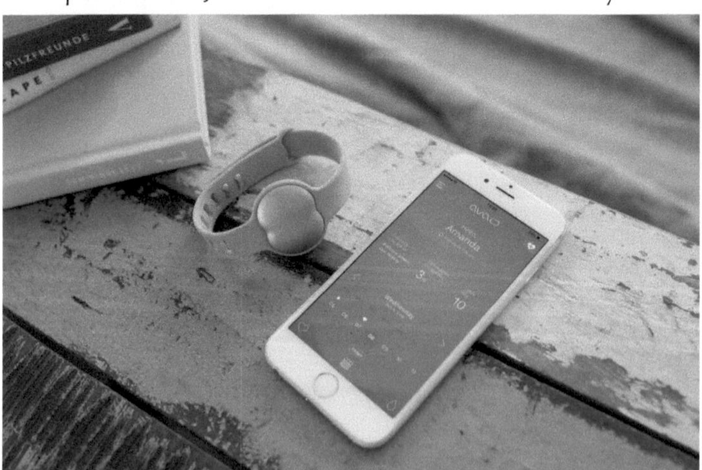

Viele Zwillings- und Drillingseltern haben lange vergebens auf Nachwuchs gehofft. Jetzt soll ein Armband die wirklich fruchtbaren Tage erkennen helfen.

ermöglicht es ihr, ihren Körper abseits umfassender medizinischer Untersuchungen besser kennenzulernen. Vor allem profitieren aber Frauen, die schwanger werden wollen von dem Armband: Auf Grundlage neun physiologischer Parameter (Ruhepuls, Hauttemperatur, Herzfrequenzvariabilität, Schlaf, Atemfrequenz, Bewegung, Durchblutung, Bioimpedanz und Wärmeverlust) sammeln die Sensoren des Ava-Armbandes mehr als drei Millionen Datenpunkte pro Nacht, die auf den Anstieg der relevanten Reproduktionshormone Östradiol und Progesteron reagieren. Der Anstieg dieser Hormone geht mit den fruchtbaren Tagen während des Zyklus einher und hilft dabei, sie in Echtzeit zu erkennen.

Das Armband trägt man nur nachts.

Da Frauen das Armband nur in der Nacht tragen und es am nächsten Morgen dann mit der Ava App auf ihrem Smartphone synchronisieren, ersparen sie sich den Aufwand, der durch die Temperaturmessmethode oder andere Fruchtbarkeitsmessverfahren, wie zum Beispiel Ovulationstests, entsteht.
Von der amerikanischen Food and Drug Administration (FDA) wurde Ava als „Class I Medical Device“ registriert. Laut einer klinischen Studie des Universitätsklinikums Zürich zeigt das Armband mit einer Genauigkeit von 89 Prozent 5,3 fruchtbare Tage pro Zyklus an. Die ein Jahr andauernde Studie wurde unter der Leitung von Prof. Brigitte Leeners, einer renommierten Expertin auf dem Gebiet der mathematischen Modellierung des Menstruationszyklus, durchgeführt. Eine zweite klinische Studie findet gerade statt.
„Frauen verschwenden so viel Zeit und emotionale Energie damit, ihren Zyklus genauestens zu berechnen - oftmals nutzen sie dafür viele verschiedene Methoden“, erklärt Prof. Leeners. „Insbesondere die Planung des richtigen Zeitpunkts für den Geschlechtsverkehr ist schwierig, da alle bisher existierenden Maßnahmen dahingehend keine zuverlässigen Informationen liefern. Ein Tool wie Ava ist seit langem überfällig: Es erkennt die fruchtbaren Tage zur richtigen Zeit; außerdem ist die Nutzung super einfach.“

Ein Zyklus sagt auch eine Menge über den Gesundheitszustand aus

Für Lea von Bidder, Mitgründerin von Ava, ist das Armband erst der Auftakt einer Reihe spannender Möglichkeiten der Zyklus-Tracking-Technologie. Das Unternehmen wird den verwendeten Algorithmus noch stärker verfeinern, um die Technologie auch zur Schwangerschaftserkennung, Schwangerschaftsbegleitung und auch als nichthormonelles Verhütungsmittel einsetzen zu können.
„Vielen Frauen ist gar nicht bewusst, wie wichtig der Menstruationszyklus hinsichtlich ihres Gesundheitszustandes insgesamt ist“, sagt von Bidder. „In der Vergangenheit war es schwer, sich umfassend mit dem eigenen Zyklus auseinanderzusetzen, weshalb der Kinderwunsch stets mit Stress verbunden war. Mit Ava erfahren Frauen mehr denn je und so einfach wie nie zuvor über ihren Körper.“
Das neue Zyklus-Tracking-Armband ist allerdings nicht ganz billig. Es ist für 249 Euro erhältlich. Weitere Information unter

www.avawomen.com

NEUGIERIGE PASSANTEN: Die Kommentar-Hitliste

Das sind jetzt aber keine Drillinge?

Mit allem rechnen Familien, wenn sie Zwillinge oder Drillinge haben. Nicht aber mit dieser enormen Aufmerksamkeit „da draußen" ... Wir haben die dümmsten Sprüche für Euch aufgeschrieben.

Folgender Spruch führt seit heute meine Hitliste der dummen Kommentare an: Frau vor mir an der Kasse schaut in den Drillingswagen: „Das sind aber keine Drillinge!"
-"Äh, doch!"
- „Nein, die sehen nicht gleich aus!"
Na, dann wissen wir ja jetzt alle Bescheid ...

Alle drei Mädels haben pinkfarbene Mützen auf, eine Passantin bleibt stehen und guckt skeptisch: „2 Jungen und 1 Mädchen, stimm's?"

Im Wartezimmer beim Kinderarzt - drei Maxi Cosis mit Kindern drin nebeneinander: „Das sind Zwillinge stimmts!?"

Einer in pink, einer in blau und einer in grün. Passantin zeigt auf den pinkfarbenen Drilling und meint: „Das ist der Junge, stimmts?"

Neugieriger Passant nähert sich:
„Das sind Zwillinge, oder?"
Ich antworte: „Nein, Drillinge! Ein Mädchen, zwei Buben."
„Nein! Wie soll DAS bitte gehen?"

Bei uns läuft es meist so:
„Oh zweimal Zwillinge und das recht schnell aufeinander ...?!"
Wir: „Nein, Vierlinge!"
Darauf die Dame: „Ach herrje, wie schlimm ...!"

Bei uns im Aldi an der Kasse:
Kassiererin: „Drillinge?" und hört auf zu kassieren (alle an den anderen Kassen drehen sich um).
Kassiererin: „Nein, das glaub' ich ja nicht ... Das glaubt mir kein Mensch, ich mach' mal in Foto ..."
Ich überlege, was ich sagen soll ... Soll ich sagen: „Jetzt ist aber mal Schluss, Sie können jetzt mal weiter machen!"???

Hatte gerade eben mal wieder ein „Guck mal: Zwillinge und die Kleine kam danach ..."
Ich darauf: „Ähhhmmm - naja, gut zu wissen ... ich dachte, ich hätte Drillinge ... aber gut, dass Sie mehr wissen als ich und wie war die Geburt so?"

Manche Leute sind so doof und diese dämlichen Kommentare - man kann es auch manchmal nicht mehr hören. Und das schlimmste ist, wenn die einen bemitleiden wollen.

Meistens stört es mich nicht - bin nur immer wieder fasziniert, dass die Leute bei Drillingen (und mehr) vergessen zu denken, bevor sie sprechen. Oder dass

die Kommentare so dämlich sind, dass man nix Vernünftiges erwidern kann. Zum Beispiel: „Sind das ECHTE Drillinge??
Meine Frage: „Gibt es auch falsche??"

Ein Freund von mir war irgendwann so genervt von den blöden Fragen und als der nächste wieder fragte, ob alle zu uns gehörten, sagte er ganz trocken: „Nee, zwei davon haben wir eben am Parkplatz gesehen und fanden die so süß, dass wir sie gleich mitgenommen haben ..." drehte sich um und ging. Der fassungslose Blick der Leute war genial.

Unsere Mädels haben sehr kurze Haare, sind dafür aber immer relativ mädchenhaft gekleidet.

Ein Passant: „Sie haben aber drei süße Jungs!" Ich daraufhin: „Ähm ,ja klar ..." „Aber der eine hier ist doch bestimmt ein halbes Jahr älter als die anderen zwei?!" Ich: „Nein solche biologischen Wunder kann ich nun auch wieder nicht vollbringen ... es sind Drillinge!"

Die besten Sprüche auf doofe Fragen

Auch Zwillingseltern kennen diese erhöhte Aufmerksamkeit und dieses Angesprochenwerden unterwegs. Manchmal ergibt sich ja ein nettes Gespräch daraus (also zu zickig sollte man nicht sein), aber oft genug nervt es einfach. Hier die besten Antworten/Sprüche:

Sind das Zwillinge?
Ja. Alternativ: „Ooops, wo ist denn der dritte hin?" oder „Oh, dann muss ich einen vergessen haben ..."

Sind das alles Ihre Kinder? (falls man weitere Spielkameraden oder eigene Kinder im Schlepptau hat)
„Ja, und alle von einem anderen Mann!"

Ach, wie niedlich! Zwillinge?! Aber viel Arbeit, gell?
Wollen Sie einen abhaben?

Mädchen und Junge?
Ja. Oder alternativ: Jein. Oder auch einfach: Nein.

Sie die echt?
„Gibt's auch falsche?"

Kommen in Ihrer Familie Zwillinge vor?
Ja, und in Ihrer?

Trotz nerviger Neugieriger sollten Sie nicht zu aggressiv reagieren. Manche Passanten haben nämlich echtes Interesse.

Schnelle Tipps - gute Ideen

Zwillings- und Drillingseltern müssen vor allem praktisch denken. Deshalb haben sie Tipps und Ideen auf Lager, die wirklich hilfreich sind. Haben Sie auch einen Vorschlag, der auf diese Seite passt? Her damit!

Unsere E-mail: info@twins.de

Wie kann man Kindern die Zeit begreiflich machen? Zwillingsmutter Desiree kam auf die Idee, verschiedene Sanduhren zu benutzen. Jetzt weiß auch Ole, der große Bruder der Zwillinge, was die Glocke geschlagen hat und kommt pünktlich zum gemeinsamen Abendessen.

Hier ein Tipp, den wir seit letzter Woche nutzen. Zustande kam die Idee mit den Sanduhren, als ich alle Kinder abends bat, sich umzuziehen und dann zum Essen zu kommen.

Die Mädels - Leni und Maja - waren schnell fertig und kamen in die Küche. der große Bruder Ole spielte immer weiter und erst nach mehrmaligem Bitten und Aufforderung ging er dann - leider - ohne Essen zu Bett.

Sein Argument war: „Du hast mir keine Zeit genannt." Wie mache ich ihm also ersichtlich, wann zwei oder fünf oder zehn Minuten vorbei sind?

So haben wir eben seit ein paar Tagen diese Sanduhren in Gebrauch und sind begeistert. Jetzt sehen die Kinder, wie die Zeit vergeht und lernen es vielleicht besser zu verstehen.

Im Dämmerlicht muss man mit Kinderwagen gut zu sehen sein. Zwillingsvater Marcel J. benutzt LED-Leuchten.

Gerade in der dunklen Jahreszeit ist es sehr wichtig, von anderen Leuten im

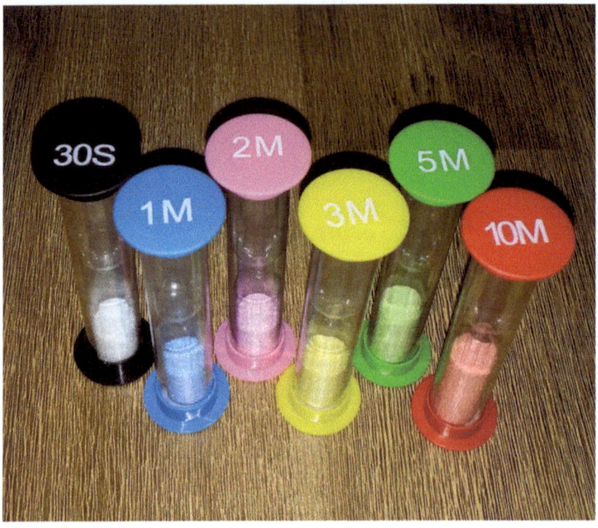

Zeit ist relativ ... vor allem für kleinere Kinder, die die Uhr noch nicht kennen. Damit der arme Ole nie mehr ohne Abendessen ins Bett muss, wurden jetzt Sanduhren eingeführt.

Straßenverkehr gesehen zu werden.
Wir haben an unserem Tfk-Kinderwagen an jeder Seite eine LED-Leuchte angebracht, die sich mittels leichtem Druck zwischen Blink- und Standlicht schalten lässt.
So können wir sicher und ruhigen Gewissens auch in der dunklen Jahreszeit mit den Mädels unterwegs sein. Es ist so einfach zu bedienen, dass selbst unsere beiden die Bedienung schon raus haben.

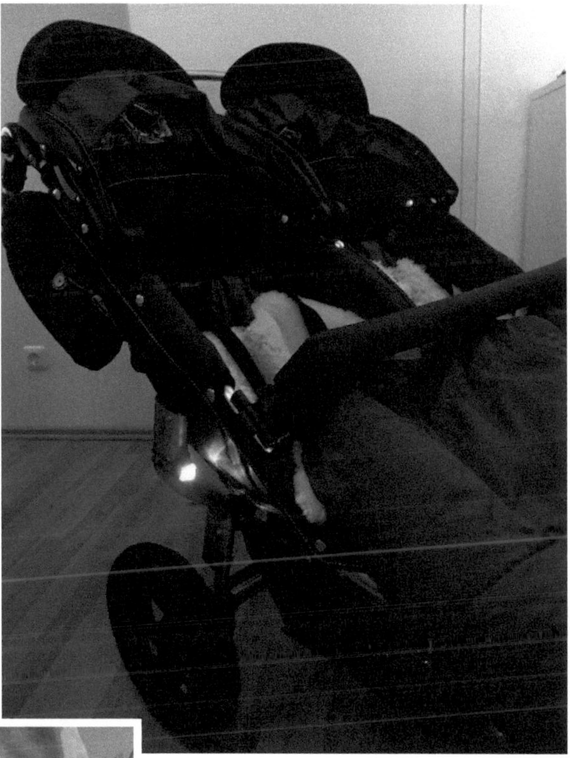

LED-Leuchten kosten nicht viel und machen den überbreiten Zwillingskinderwagen sicherer in der Dämmerung.

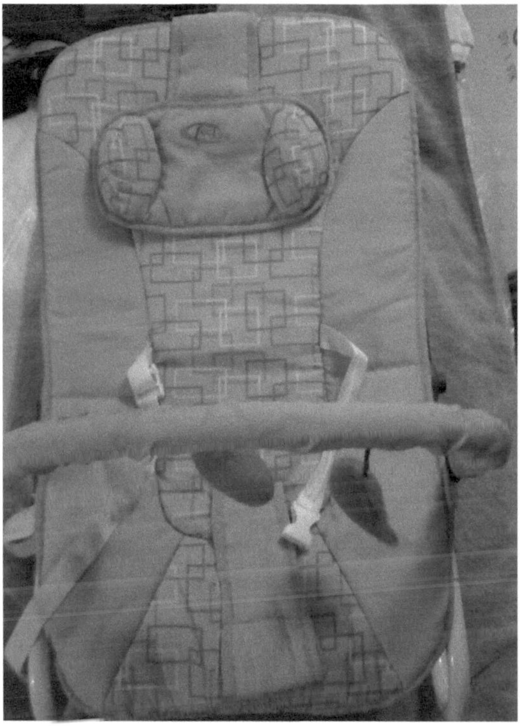

Wippen können vielfältig bei Zwillingen eingesetzt werden. Zwillingsmutter Svenja empfiehlt sie.
Wir hatten zwei Wipper von Tec Take, allerdings keine mechanischen. Hier habe ich die Kinder reingelegt, als sie noch nicht mobil waren, wenn ich duschen wollte und sie sich nicht ablegen ließen oder wenn ich in der Küche irgendwie vorankommen musste. Für das gleichzeitige Fläschchen geben war das auch ungeheuer praktisch. Bei uns funktionierte es gut, einen Zwilling im Wipper zu schunkeln und dem anderen das Fläschchen auf dem Arm zu geben. Das waren immer so Zeiträume von maximal 30 Minuten Also nicht zu lange.

Neue Tipps? Her damit!

ESSEN LERNEN: So haben meine Zwillinge essen gelernt

Von der Brust zum Brei

Zwillingseltern freuen sich über jeden Entwicklungsschritt doppelt. Nicht nur, weil sie Zwillinge haben, die diesen Schritt beide machen, sondern, weil jeder Schritt den Alltag etwas leichter macht. Brigitte M. erzählt, wie Tom und Mia essen lernten.

Mir war es wichtig, dass meine Zwillinge Tom und Mia ohne großen Stress essen lernen. Davon, auf Brei ganz zu verzichten, halte ich nichts. Die Gefahr - gerade bei Zwillingen - ist einfach zu groß, dass sie sich verschlucken. Ich finde, das Essen von brockigen Sachen kann warten, bis die ersten Zähnchen da sind. Vorher gibt's bei uns Brei.

Und natürlich höre ich nicht mit dem Stillen auf - warum auch? Abends sind die Kinder zufriedener, wenn es die Brust gibt, es geht auch schneller, vor allem nachts, wenn sich doch noch einmal einer der beiden meldet.

Aber zurück zum Essen, was gibt's bei uns?

Angefangen habe ich mit den typischen Babybreien, die man ohne viel Aufwand zusammenrühren kann. Da sie lecker schmecken, wurden sie gerne angenommen.

Das Essen vom Löffel haben die beiden schnell kapiert. Ich habe aber auch dafür gesorgt, dass wir das in relativ stressfreier Umgebung „trainiert" haben. Sie durften also nicht zu hungrig sein und es war wichtig, dass ich mir jeden einzeln „vornehmen" konnte.

Mia stellte sich etwas besser an. Tom war immer so gierig und vor lauter Hektik drückte er das meiste wieder raus, kaum dass es vom Löffel in seinen Mund gerutscht war. Aber nach drei, vier Sitzungen hatte er es auch kapiert.

Hier meine besten Tipps, wie das Essen lernen vom Löffel gut klappt:

- Nicht zu früh anfangen. Ich habe den ersten Brei gegeben, als die Zwillinge fast 6 Monate alt waren.
- Keine hungrigen Kindern mit ersten Löffelversuchen „traktieren". Ein, zwei Löffelchen Brei nach dem Stillen genügen.
- Anfangs habe ich die Zwillinge einzeln gefüttert und zu jeder Mahlzeit nur ein Kind. Dann konnte ich mich besser auf dieses eine Kind konzentrieren.
- Zu Beginn habe ich nur wenig Brei angerührt, weil es ja nur wenige Löffelchen nach dem Trinken sein sollten.
- Später, als Tom und Mia schon gut essen konnten, habe ich eine halbe und dann bald eine ganze Banane zerdrückt und gefüttert.
- Zum ersten Breifüttern habe ich mir die beiden jeweils auf dem Schoß gesetzt und uns beide gut abgedeckt.
- Schon bald saßen unsere Zwillinge mit uns am Tisch, wann immer es zeitlich passte. Dazu benutzten wir

Auch eine gute Idee: Stefan und Florian lernen allein zu essen mit einem kleinen Joghurtbecherchen.

die hervorragenden Hochstühle von Peg Perego, die man schon für Babys benutzen kann, weil sie eine Sitzschale haben, die man relativ flach stellen kann.

- Erste feste Kost habe ich gefüttert, sobald die beiden ihre ersten vier Zähnchen hatten. Damit

siehe Seite 24

Dunja Rieber „Kochen mit dem Thermomix - Die besten Babybreie" TRIAS Verlag, Stuttgart. 2017 ISBN Buch: 9783432103112 ISBN EPUB: 9783432103136 Buch: EUR [D] 14,99 | EPUB: EUR [D] 11,99

kauen sie zwar noch nicht wirklich (und Beißen auch nicht ab), aber die Mundmotorik schien mir soweit entwickelt, dass ich mich traute, ihnen festeres Essen zu geben.

- Natürlich anfangs nur Sachen, die sich wirklich gleich im Mund zerdrücken lassen, also weich genug waren - wie ganz weich gekochte Möhren oder Kartoffeln. Nudeln gab's erst später.

Heute mit drei Jahren essen Tom und Mia ganz manierlich. Man kann sagen, „Experiment geglückt".

Viel Spaß und viele schöne Stunden beim Essen auch mit Euren Kindern - Brigitte

Schnell auf den Tisch: Babybreie aus dem Thermomix

Gerade noch stand Mamas Milch ganz oben auf dem Speiseplan und schon entdecken die Zwillinge Löffel für Löffel Gemüse, Fleisch und Getreide. „Geschmacklich liegen Welten zwischen lang haltbaren Gläschen und frisch gedünstetem Gemüsepüree", sagt Ernährungswissenschaftlerin Dunja Rieber. In ihrem Ratgeber „Kochen mit dem Thermomix - Die besten Babybreie" aus dem TRIAS Verlag, finden Eltern vielfältige Rezepte vom Süßkartoffelbrei bis hin zu Babys erstem Rindfleischtopf. Der Thermomix erleichtert dabei die Zubereitung.

Sobald Babys etwa fünf Monate alt sind, beginnt in vielen Familien die Breizeit und es soll für ein weiteres Familienmitglied gekocht werden. „Mit dem Thermomix gelingen Babybreie fast auf Knopfdruck", erklärt die Autorin. Frisches Gemüse, Kartoffeln und Fleisch werden vitaminschonend in Wasserdampf gegart und sogleich fein oder grob püriert - je nach Vorliebe oder Fortschritt des Kauanfängers. Neben der Zubereitungszeit ist bei jedem Rezept auch die Zeit angeben, die Mama und Papa sich um die Zwillinge kümmern können, während der Thermomix die Arbeit macht.

Seltenere oder regional angebaute Gemüse- und Obstsorten wie Mirabelle, Quitte, Artischocke oder Avocado stecken in der Regel nicht in gekauften Baby-Gläschen. „Wer selber kocht, kann seinem Baby von Anfang an die ganze Geschmacksvielfalt bieten", weiß Dunja Rieber. So gibt es auch mal Zwieback-Beeren-Brei, Steckrübenpüree mit Petersilienhack oder einen Himbeer-Kokos-Smoothie. Der Breifahrplan für das erste Jahr gibt zusätzliche Orientierung. Die Rezeptideen reichen von den ersten Gemüsebreien bis hin zu Fingerfood.

Vorgekochte Babybreie können bei -18 Grad Celsius bis zu zwei Monate lagern. Der Brei wird direkt heiß abgefüllt und in der Tiefkühltruhe schockgefroren. Die Breiportionen lassen sich dann einfach im Thermomix erwärmen. Dazu 400 Gramm Wasser in den Mixtopf geben und das Garkörbchen mitsamt geöffnetem Gläschen einsetzen. Ein Gläschen muss etwa 15 - 20 Minuten/Varoma/Stufe 1 erwärmt werden, bis es aufgetaut und auch im Kern warm geworden ist. Brei aus dem Kühlschrank erwärmt der Thermomix ebenfalls auf die gewünschte Temperatur.

Wir verlosen das Buch unter den Einsendern neuer Beiträge. Wer möchte das Buch haben? Einfach einen Beitrag für unser Magazin an info@twins.de schicken.

MITMACHEN: So können Sie sich am Magazin beteiligen

ZWILLINGE *das Magazin* - Die Mitmach-Zeitschrift für Zwillings- & Drillingseltern

So können Sie sich mit Beiträgen an ZWILLINGE *das Magazin* beteiligen: In fast 30 Jahren haben wir immer wieder festgestellt, dass die wahren Experten für Zwillings- und Drillingsthemen die Eltern sind. Viele Eltern haben darüber hinaus eine Qualifikation, die sie dazu prädestiniert, ihre Alltagserfahrungen mit anderen zu teilen. Sie sind selbst Erzieher, Lehrer oder Ärzte ... Erzieherinnen, Lehrerinnen oder Ärztinnen. Aber auch, wenn Sie ganz einfach „nur" Zwillings- und Drillingseltern sind - Ihre Erfahrungen, die Sie machen, sind von so unschätzbarem Wert für andere, für neue und werdende Eltern, dass sie unbedingt zu Papier gebracht werden sollten. Deshalb scheuen Sie sich nicht, uns zu schreiben und einen Beitrag zu irgendeiner Situation aus Ihren Leben mit mehreren gleichaltrigen Kindern zu schicken. Ihre Erfahrungen und vor allem Ihre Tipps und guten Ideen sind gefragt.
Und so geht's: Sie schreiben - wie Ihnen der „Schnabel gewachsen" ist. Dies hier ist kein Aufsatzwettbewerb. Unsere Redaktion bearbeitet Ihren Beitrag, macht die Überschrift dazu, das Layout und formuliert die Bildunterschriften und die Zwischenüberschriften.
Ihr Beitrag sollte im Format .doc oder .docx, in „word" oder einem anderen, gängigen Schreibprogramm bei uns ankommen. Gern aber auch einfach direkt in der E-mail formuliert. Sie können Ihre Beiträge per E-mail senden an info@twins.de.
Wir nehmen aber nachwievor auch handschriftliche Beiträge, die ganz einfach per Post kommen. Unsere Adresse: ZWILLINGE, Postfach 40 11 11, D-86890 Landsberg.
Schicken Sie uns auch Ihre Fotos mit. Am besten sind ganz normale Familienfotos, wie man sie mit jeder Digicam oder einem Handy machen kann. Um die entsprechend hohe Auflösung und die Druckfähigkeit kümmert sich unsere Redaktion. Und wenn Sie uns einen großen Gefallen tun wollen: benennen Sie Ihre Fotos mit denjenigen, die darauf zu sehen sind - also zum Beispiel MaxConnySpielplatz.jpg.

Wir belohnen es, wenn Sie uns einen Beitrag schicken: Suchen Sie sich ein Buch aus - auf www.twins.de steht die Liste der wählbaren Bücher

Und was bekommen Sie für Ihren Beitrag? In erster Linie natürlich helfen Sie anderen Zwillingseltern, die vielleicht noch ganz am Anfang stehen, mit ihren wertvollen Erfahrungen. Zweitens macht es auch einfach Spaß, über die eigene Familie zu schreiben und die eigenen Zwillinge in unserer kleinen Zeitschrift zu sehen.
Allerdings veröffentlichen wir Ihren Beitrag in der neuen Machart unserer Zeitschrift nicht mehr unter vollem Namen, es sei denn Sie wünschen das ausdrücklich. Der Hintergrund dafür ist, dass das neue ZWILLINGE - DAS MAGAZIN dadurch, dass es auch auf online-Portalen angeboten wird, einem größeren Leserkreis angeboten wird. Natürlich werden sich am ehesten betroffene Zwillings- und Drillingseltern für ZWILLINGE interessieren. Dennoch möchten wir jeglichem Missbrauch vorbeugen.
Übrigens: Wer einen Beitrag für unser Magazin schreibt, erhält ein Exemplar des betreffenden Magazins gratis (zur Erinnerung) oder kann sich ein Buch aus unserem Programm aussuchen, wenn er die Zeitschrift sowieso im Abonnement bezieht.

Dann kann's ja losgehen ... wir freuen uns und sind gespannt.

Becherkuchensystem: Kinderleicht backen

Genau das richtige für das Backen mit Kindern: Das Becherkuchensystem, bei dem alle Zutaten mit kleinen und kleineren Bechern abgemessen werden. Da haben die Zwillinge Anton und Johannes gerne mitgemacht. Und auch eine Gruppe erwachsener Behinderter.

Ihr Beitrag über das Konzept: Kinderleichte Becherküche aus ZWILLINGE Heft 293 hat uns sehr interessiert. So haben wir uns das Buch besorgt, was erst etwas schwierig war. Bei gängigen Anbietern war es nicht lieferbar ...

Unsere Jungs, Anton und Johannes, mittlerweile zehn Jahre alt, blätterten gleich drauf los, um ein Rezept auszuwählen. Als ich das Buch sah, hatte ich noch eine weitere Idee für einen Einsatz. Mein Mann und ich arbeiten als Heilerziehungspfleger mit geistig behinderten Erwachsenen, für diese Arbeit im Freizeitbereich kam das Buch wie gerufen. Beide Einsätze wurden geplant und die Zutaten besorgt.

Die Jungs hatten sich für Amerikaner entschieden, die Bewohnergruppe für Käsetorte und Amerikaner. Da die Jungs schon lesen können, konnten sie alle Zutaten herbeischaffen, in der Arbeit habe

REZEPT: Kochen & Backen mit Kindern - Becherkuchen

Abmessen ein Kinderspiel - hier Anton im grauen Pulli. Unten: Backblech mit Teig & Amerikanern

Streit kommt nicht auf ...

ich das übernommen. Schritt für Schritt wird mit Bildern gezeigt, was zu tun ist.

Die Jungs hatten erst Schwierigkeiten die Abbildungen von oben nach unten zu bearbeiten. Sie wollten immer von links nach rechts. Aber nach ein paar Seiten war die Sache klar, zumal jede Spalte farblich getrennt ist.

So bereiteten sie den Teig zu. Bei der Vermengung der Zutaten war ich eine andere Reihenfolge gewöhnt (zum Beispiel Backpulver erst mit dem Mehl verrühren) und habe es auch wie gewohnt gemacht. Wenn die Kinder es mal ganz allein probieren wollen, müssen sie natürlich die vorgegebene Reihenfolge einhalten. Bei Gelegenheit probieren wir es einmal ganz genau wie im Buch.

Besonders gefreut hat uns, dass die Rezepte einfach sind und das Ergebnis gut schmeckt. Ruck zuck war der Teig eingerührt und im Ofen. Das Ergebnis seht Ihr auf den Bildern.

Anton und Johannes waren sehr begeistert und Streit kam erst gar nicht auf, da jeder abwechselnd eine Spalte erledigte.

Auch der Käsekuchen der Behindertengruppe ist gut gelungen.

In der Arbeit klappte die Sache genauso gut und das Schüssel auslecken war bei unseren Schützlingen sehr begehrt. Am Ende das Selbstgebackene zu verspeisen natürlich auch.

Somit können wir das Buch sehr empfehlen und selbst unsere dreizehnjährige Tochter hat sich neulich das Buch geschnappt und für uns die Pizzagesichter zubereitet.

Guten Appetit wünscht Familie K.

Info unter **www.becherkueche.de**

„Abwechseln“ hilft beim „Küchendienst“

Wie schön, wenn Kinder Interesse daran haben, in der Küche beim Kochen mitzuhelfen. Schlecht, wenn das vier Jungs gleichzeitig möchten. Zwillingsmutter Diana R. hat sich ein System ausgedacht, nach dem sich Davor, Elia und die Zwillinge David und Moses beim Helfen abwechseln.

Dieser Tipp geht eigentlich an alle Eltern, die mehr als ein Kind haben und deren Kinder gerne in der Küche mithelfen. Wir haben vier Jungs, die voller Begeisterung rüsten, rühren, kneten, anrichten und in der Küche herumhantieren. Ich finde das toll und möchte ihnen dies auch gerne ermöglichen, ist es doch wichtig, kochen zu können und etwas von gesunder und sinnvoller Ernährung zu verstehen. Und sich dafür auch Zeit zu nehmen.

Vier Helfer auf einmal sind zu viel ...

Doch mit vier Helfern auf einmal bin ich überfordert, das halten meine Nerven schlichtweg nicht aus. Und meine Küche auch nicht. Dazu kommt, dass ich meinem Ältesten mit elf Jahren schon anspruchsvollere Aufgaben übertragen kann als unseren Jüngsten, den fünfjährigen Zwillingen David und Moses.
Eine Zeit lang ließ ich niemanden mehr helfen, die ewige Streiterei und das Gerangel waren mir zu viel. Doch nun habe ich ein System gefunden, das nach kurzer Angewöhnung reibungslos funktioniert und alle zufrieden stellt.

Meine Idee: Jeder ist mal dran.

Ich habe vier hübsche Magnete gekauft und jeden mit einem Namen der Jungs beschriftet. Wer zuoberst steht, kommt dran. Danach muss er sich wieder „hinten anstellen".
Das läuft nun schon seit bald drei Monaten so und die Begeisterung, mir in der Küche helfen zu dürfen, ganz alleine, ist groß. Und auch mir macht das Kochen so plötzlich viel mehr Spaß und ich genieße es, dann Zeit zu haben, um mich nur einem Kind zu widmen.

(Diana R.)

Der elfjährige Davor hilft beim Risotto. Jeder ist mal dran und darf in der Küche mithelfen. Magnete helfen dabei.

Hab' mein Wagen voll-geladen ...

Endlich ist die Bakfiets aus Holland da und gleich voll im Einsatz. Dieses Lastenfahrrad ist nicht nur für den Transport von Einkäufen praktisch, auch die Zwillinge und deren ältere Schwestern lassen sich super transportieren. Im Münchner Umland ein exotisches Gefährt, in Holland normal.

Habe ich mit unseren Töchtern ab dem Alter von zehn Monaten immer Radltouren genießen können, während die Töchter (mittlerweile 7 und 13 Jahre alt und seit Jahren tüchtige Radlfahrerinnen) jeweils im Radlsitz auf meinem Gepäckträger im Kleinkindalter thronten, gestaltete sich die Transportfrage bei unseren knapp zweijährigen Zwillingen schon etwas schwieriger.

Da ich auf keinen Fall einen Fahrradanhänger wollte und mich die Überlegungen, einen Zwilling in einem an der Lenkstange, den anderen Zwilling in einem auf dem Gepäckträger befestigten Kindersitz herumzukutschieren, auch nicht vollends begeisterte, zumal der vordere Radlsitz teilweise nur für ein Gewicht bis zu 15 Kilogramm ausgelegt ist, haben wir länger nach einer für uns alle passenden Alternative gesucht und sind schließlich bei einem Lastenfahrrad gelandet.

Wir haben diverse Wochenenden damit verbracht, in einigen spezialisierten Fahrradgeschäften in München, mit unseren vier Kindern im Schlepptau das ideale Fahrrad zu finden.

Ein dreirädriges Rad ist stabiler.

Nach einigen Probefahrten habe ich schnell festgestellt, dass ich mit dreirädrigen Lastenfahrrädern wesentlich besser zurechtkomme als mit deren zweirädrigen Pendants, so dass sich die Wahl schon etwas einschränkte (zum Leidwesen meines Mannes, der die zweirädrigen Lastenfahrräder wesentlicher sportlicher zu fahren empfand ...). Mir hat auf Anhieb ein Lastenfahrrad der dänischen Marke nihola am besten gefallen, mit dem übrigens auch das Zwillingspärchen der dänischen Königsfamilie herumkutschiert wird. Dieses nihola-Rad hat sich für mich am gängigsten fahren lassen, außerdem überzeugte mich das sehr stabile und formschöne Regenverdeck sowie der ideale Kindereinstieg in Form eines richtigen Türchens. Dies ließ es sich allerdings auch alles mit über 2.600 Euro kosten, so dass wir noch etwas weiter suchten und schließlich bei einem holländischen Fahrradhersteller fündig geworden sind. Das Rad war ungefähr 500 Euro preiswerter und es hat eine große Transportbox mit zwei zurückklappbaren Sitzbänken, auf denen bis zu vier Kinder (angeschnallt) Platz nehmen können.
Nach einigen Probefahrten entschieden wir uns schlussendlich Ostern letzten Jahres für das hier vorgestellte Modell und gaben die Bestellung in einem Münchner Fahrradladen auf, der uns zusicherte, dass wir das Radl, das direkt aus Holland geschickt wurde, in circa sechs Wochen unser eigen nennen dürften.

Wir warteten lange auf das Radl.

Nach acht Wochen hatten wir immer noch weit und breit kein Lastenrad, zwei Wochen später kam immer noch nichts (ob der Fahrradhändler beim ersten Mal die Bestellung einfach vergessen hat oder

Die Zwillinge Vinzenz und Korbinian mit ihrer großen Schwester Franziska. Und sind die Zwillinge aus der Bakfiets rausgewachsen, werden damit sicher Getränke transportiert.

ob das Rad wirklich - laut seinen Angaben - bei dem Transport kaputt gegangen ist, sei an dieser Stelle dahingestellt), jedenfalls überlegte sich mein Mann in der Zwischenzeit zur Überbrückung der Wartezeit andere skurrile Transportmittel und konnte so - guten Gewissens - seinem Hobby frönen und endlich seine Schwalbe wieder fahrtüchtig machen (siehe das Titelfoto).
Ich weiß sehr wohl, dass dies alles andere als verkehrssicher ist, aber der große Mann und die beiden kleinen Männer hatten immer einen Heidenspaß und sind natürlich nur auf kaum befahrenen Wegen in unserem Ort kurze Strecken zum Amusement der Anwohner gefahren.
Ich war dann aber doch sehr erleichtert, als wir im Juli endlich unser Lastenfahrrad in den Händen halten konnten. Seitdem sind wir jeden Tag (bei Wind und Wetter) mit diesem unterwegs und genießen die Freiheit sehr, nicht immer die Zwillinge in den Kinderwagen zwängen beziehungsweise zwingen zu müssen oder für ein Strecke von 200 Metern eine Stunde zu brauchen, da die Jungs konsequent immer in unterschiedliche Richtungen laufen ...
Während wir in unserer 12.000 Einwohner zählenden Gemeinde im Münchner Umland zusammen mit einer weiteren Familie die einzigen Lastenfahrradbesitzer zu sein scheinen, bot sich bei unserem diesjährigen Sommeraufenthalt in Holland ein ganz anderes Bild, wo wir einige Räder von genau unserer Marke mit aller Selbstverständlichkeit vorbeiradeln haben sehen, einige davon auch mit Elektroantrieb betrieben, was gerade für Strecken mit Gefälle sicher sehr komfortabel ist, uns aber noch mal gut 1.000 Euro mehr gekostet hätte.
Insgesamt kann ich dieses Lastenfahrrad wirklich allen Zwillingseltern empfehlen, zumal es auch noch eine Transportmöglichkeit für zwei weitere Geschwister- oder auch Freundeskinder bietet. Und wenn dann alle Kinder endgültig dem Lastenradlalter entwachsen sein werden, wird man es immer noch gut für alle Einkäufe in größerem Umfang verwenden können (vielleicht sogar für den Transport unzähliger Biertragl zum 18. Geburtstag unserer Jungs ...). (Dorothea F.)

Die Schwalbe vom Papa (siehe auch Cover) macht den Zwillingen Vinzenz und Korbinian noch mehr Spaß. Brumm, brumm.

Radfahren lernen - nur mit Helm & Schutz

Wenn Kinder Fahrradfahren lernen, ist das ein großer Schritt zu mehr Selbständigkeit. Sie gewinnen Vertrauen in ihre eigenen Fähigkeiten und die Möglichkeit, ihren Aktionsradius entscheidend zu erweitern. Der Weg dahin birgt allerdings schmerzhafte Erfahrungen, denn ohne Stürze hat wahrscheinlich noch kein Kind das Radfahren gelernt.

Als Erwachsener könnte man schon ein bisschen neidisch werden, wenn man das Fahrrad, auf dem man selbst fahren gelernt hat, mit so manchen Rädern vergleicht, die heute für Kinder angeboten werden. Denn das geht von rassigen Mountainbikes bis hin zu sogenannten Fatbikes für Kinder - Räder, von denen Jungen und Mädchen früher nicht einmal träumen konnten, weil es sie in dieser Form schlicht und einfach nicht gab.

Doch diese Räder sind Sportgeräte, mit denen Kindern erst zurechtkommen, wenn sie schon sicher auf dem Sattel sitzen. Am Anfang einer Fahrradkarriere stehen ganz normale Fahrräder, mit denen Kinder das Fahren erlernen.

Spaß und Sicherheit beim Lernen

Im Prinzip gibt es zwei grundlegende Dinge, die Eltern vermeiden sollten: auf der einen Seite das Kind zu überfordern, auf der anderen es zu sehr zu behüten. In beiden Fällen spielt das richtige Fahrrad eine wichtige Rolle. Idealerweise verfügt es über eine kindgerechte Geometrie und ist kein kleines Erwachsenenrad. Außerdem bietet es Sicherheitsmerkmale, die das Risiko minimieren, bei einem Sturz mehr als ein paar Schürfwunden davonzutragen. Dazu gehören etwa ein rundum geschlossener Kettenkasten, Bremshebel, die für kleine Kinderhände ausgelegt sind oder ein dickes Lenkerpolster sowie Sicherheitslenkergriffe. Das kann bei den Kleineren durchaus mit einem sportlichen Auftritt verbunden sein, wie Puky mit seinen Kinderradern beweist. Stützräder hat man heute kaum noch in Gebrauch. Sie verhindern zwar Stürze auf ebener Fläche, erhöhen aber zum Beispiel an Bordsteinkanten eher noch das Sturzrisiko. Zudem gewöhnen sich die Kinder mit den Stützrädern an ein falsches Fahrverhalten des Rades und müssen später mühsam umlernen. Viel sinnvoller als Stützräder ist die Extra-Anschaffung von Laufrädern, die sie seit einigen Jahren „in Mode" sind. Damit lernen schon kleine Zwillinge, Balance zu halten und sich sicher auf einem Zweirad fortzubewegen.

Viel wichtiger ist es, dass das Rad von der Größe und der Fahrzeuggeometrie her passt, dann beherrschen die Kinder das Rad schneller und kommen bei Bedarf schnell mit den Füßen auf den Boden. Leider sind die Räder von Kindern oftmals entweder zu groß oder zu klein, da die Eltern möchten, dass sie lange gefahren werden und sie die Sattelhöhe nur selten verändern. „Der Sattel sollte immer so eingestellt sein, dass das Kind den Boden mit den Fußballen errei-

chen können", sagt Marion Rodewald von Radparcours.de, die ein spielerisch gestaltetes Fahrtechniktraining für Schulen und Veranstaltungen anbietet.
Auch das Tragen eines Helm ist von klein auf Pflicht. Es gibt inzwischen sogar Kindermodelle mit der sogenannten MIPS-Technologie, bei der eine schwimmend gelagerte Innenschale die Rotationskräfte bei einem Aufprall absorbiert.
Mit einem sicheren, kindgerechten Fahrrad fällt es auch besorgteren, böswillig als „Helikoptereltern" bezeichneten Mamas und Papas leichter, loszulassen, und die kleinen Fahrschüler können ihr Gefährt schon bald gut kontrollieren. Dann steht dem Ausprobieren aber auch nichts mehr im Weg.
„Schauen Sie sich im Umkreis ihres Wohnortes mal um. Da gibt es immer kleine Treppen und Absätze oder im Wald dicke Äste, an denen Kinder außerhalb des Verkehrs üben können, Hindernisse zu überwinden, und dabei Vertrauen in ihre eigenen Fähigkeiten gewinnen" rät die Fahrradspezialistin Marion Rodewald. Die schützende Hand sollte man nur einsetzen, wenn wirklich Hilfe nötig sei, so die Expertin, was es sich letztlich zutraut, sollte dem Kind aber gleichzeitig selbst überlassen bleiben.
Das findet auch Guido Meitler vom Kinderfahrradhersteller Puky: „Natürlich fiebern die Eltern dem Moment entgegen, wenn die Kleinen eine Herausforderung meistern. Aber es soll ja vor allem Spaß machen. Lassen Sie dem Kind Zeit und nehmen sie sich auch selbst!" Also nicht zu ungeduldig sein. Es hat noch jedes Kind Fahrradfahren gelernt.

So erweitert sich der Aktionsradius

Dank der inzwischen beliebten Laufräder sind viele Kinder bereits vertraut mit der Balance und dem Umgang mit einem Zweirad und kommen mit dem ersten richtigen Fahrrad vergleichsweise schnell zurecht. Aber auch wenn sie schon ganz gut fahren, sind sie damit nicht automatisch fit für längere Touren und erst recht nicht für den Straßenverkehr außerhalb der vertrauten Umgebung. Das bezieht sich nicht nur auf die körperliche Leistungsfähigkeit, denn erst ab einem Alter von etwa zehn Jahren verfügen Kinder über sämtliche für das Verkehrsgeschehen wichtigen kognitiven Fähigkeiten. Auf eine große Erfahrung können sie natürlich auch jetzt noch nicht zurückgreifen. Dass Kinder, die im Kinderanhänger oder als Passagier im Lastenrad das Verkehrsgeschehen passiv miterlebt haben, Verkehrsregeln auf diese Weise bereits verinnerlichen, kann ich mir nicht vorstellen. Deshalb ist immer noch am sichersten, erste „Schritte" mit dem Laufrad oder dann mit dem Fahrrad fernab vom Verkehrsgeschehen zu unternehmen und später dann eine richtige Verkehrschulung in der Schule mitzumachen.

Sportlich nur mit dem richtigen Schutz

Früher oder später kann dann wirklich über ein Sportfahrrad nachgedacht werden - aber nur mit dem richtigen Schutzzubehör wie Helm, Protektoren für die Knie und richtiger (deutlich im Straßenverkehr sichtbarer) Bekleidung. Je nachdem, wie draufgängerisch der Nachwuchs ist, nehmen die Stürze allerdings eher wieder zu.
Gut, dass es nicht nur für Bike- und Skatepark geeignete Räder im XS-Format gibt, sondern auch dazu passenden Schutz. Sixsixone etwa bietet mit dem „Rage Knee Youth" hochmoderne Weichschaum-Protektoren an und in der „Comp AM"-Serie finden sich Ellbogen- und Schienbeinschützer für den Nachwuchs, die natürlich auch mit Inlinern oder Skateboards ihren Zweck erfüllen. Wenn man gut gepolstert im Sattel sitzt und ohne dass die Bekleidung zwickt

oder schweißnass am Körper klebt, macht die Radtour noch mehr Spaß. Und noch etwas gab es früher nicht: Kinder, die in ihrer Koordination oder Beweglichkeit eingeschränkt waren, haben nicht von einem BMX geträumt, sondern davon, überhaupt Fahrradfahren zu können „so wie die anderen Kinder".

Hier gibt es nun Hilfe, denn auch Liegedreiräder werden in kleineren Formaten hergestellt. Für Körpergrößen von 1,15 bis 1,80 Meter eignet sich das „Gekko" von HP Velotechnik. Dieses Rad ist mit circa 3.990 Euro nicht ganz billig, aber kann nach entsprechender Prüfung eventuell von der Krankenkasse finanziert werden. Kippstabil und mit ergonomischer Sitzposition schenkt das Trike als eher ungewöhnliches Kinderrad außergewöhnlichen Kindern ein Stück Normalität und erweitert damit den Aktionsradius mehr als jeder andere seiner zweirädrigen Verwandten.

Bastian (links) und Tobias sind mit den Laufrädern unterwegs. Eine gute Übung für das spätere Fahrradfahren.

So ist es richtig: Fahrrad gefahren wird nur mit Helm. Hier Alexa und Sara bei ihren ersten Fahrradversuchen.

FAHRRADHELDIN: Eine Zwillingsmutter wird zur Bloggerin

Wie meine Jungs Fahrrad fahren und mein Blog laufen lernten

Ja, mit kleinen Zwillingen mobil zu bleiben, ist so eine Sache ... Nach relativ kurzer Zeit wechselte ich von unserem Kinder-/Sportwagen zu einem Fahrradanhänger der Marke Croozer, den ich auch als Jogger nutzen konnte. Die Kupplung ließ sich leicht abbauen und der Anhänger war erheblich leichter (da aus Alu) und besser zu schieben. Nur hinter dem Fahrrad war er mit Inhalt doch recht schwer und an die Überbreite musste ich mich auch erst einmal gewöhnen. Heutzutage würde ich auf jeden Fall ein Lastenrad vorziehen!

Als die Jungs knapp ein Jahr alt waren, bekamen sie zu Weihnachten jeder ein Puky Wutsch. Das ist ein Laufrad für die ganz Kleinen, mit vier Rädern, damit es nicht so leicht umkippt. Als echte Motoriker hatten beide den Dreh schnell raus und wutschten nur so durch die Gegend ...

Mit zunehmender Körpergröße wechselten wir zu ganz normalen Laufrädern. Damit war auch schon die große Schwester Maren unterwegs gewesen. Ich finde, dass die Balance dadurch schon früh geschult

Auf dem Land bist Du aufgeschmissen, wenn Du nicht mobil bist. Zwillingsmutter Christiane hat ihre eineiigen Zwillinge Torben (oben) und Henrik (rechts) mit geilen Bikes ausgerüstet.

wird und die Kinder schneller „richtig" Fahrradfahren lernen. Auf Hilfen wie Stützräder kann man gut verzichten. Der Übergang von Laufen auf Treten klappt schnell und recht problemlos. Viel Üben brauchte ich bei allen drei Kindern nicht.

Zu meinem Blog kam ich durch einen selbstverschuldeten Autounfall, nachdem ich für einige Zeit ohne fahrbaren Untersatz war. Halt, dass stimmt nicht so ganz, denn ich hatte ja ein Fahrrad ... Ich versuche mein Möglichstes, um nachhaltig mobil zu sein. Das ist gerade auf dem Lande manchmal schwierig. Der ÖPNV beschränkt sich in vielen Gebieten auf den Schulbus. Kinder wollen sich verabreden oder haben Veranstaltungen. Ich stehe dem „Mutti-Taxi" eher negativ gegenüber und versuche, meine Kinder zur Selbstständigkeit zu erziehen. Dazu gehört auch eine eigene Mobilität.

Für mein Blog www.radheldin.org - nachhaltige Mobilität auf dem Lande - habe ich verschiedene Lastenradmodelle getestet und war davon begeistert. Für den Kindertransport halte ich sie besser geeignet, als den Anhänger. Man hat die Kinder vor sich im Blick, kann sich unterhalten und sieht, wenn zum Beispiel das Kuscheltier rausgeworfen wird. Die Kinder sitzen nicht in Abgashöhe der Autos. Regenhauben gibt es mittlerweile auch. Auf einer Messe sah ich kürzlich ein Modell, bei dem der Fahrer und zwei Kinder hintereinander sitzen können. Das kommt demnächst auch in meinen Praxistest.

Die üblichen Kinderfahrräder waren den Jungs nicht cool genug, daher mussten ein Fatbike und ein MTB her ;-) (Christiane Seeger)

www.radheldin.org

FOTOPARADE: Bobbycars, Fahrräder, Dreiräder & Co.

Mobil bleiben mal zwei

Mal sehen, wer schneller ist: Fahrrad oder Traktor

Zwei Kinder - ein Dreirad? Na, das ist wohl doch ein bisschen eng für die Zwillinge Paul (links) und Theo.

Wo soll's hingehen? Laura und Elisa dürfen beide lenken.

Bei der Spritztour mit dem Bobbycars darf die Brotzeit nicht fehlen - Felix und Fabian unterwegs.

Die Damen lassen sich fahren - Lina & Nina im Fahrradanhänger.

Es kann losgehen! - Tom (vorne) und Erik haben ihren Spaß im Garten.

Unser Leben mit der Glutenunverträglichkeit

Als Zwillingsmutter Katja auf feste Kost umstellte, wunderte sie sich. Die Zwillinge Hanna und Luise hatten immer dünne Stühle und unverdaute Brocken in der Windel. Eine Untersuchung brachte Gewissheit: beide Mädchen haben Zöliakie. Was das bedeutet, hat uns Katja geschrieben.

Ich weiß gar nicht, wann es wirklich angefangen hat mit den Symptomen. Wahrscheinlich schon um den ersten Geburtstag. Unsere beiden Kinder haben spät begonnen mit Brei und fester Nahrung und die ersten dünnen Stühle konnte ich dort feststellen. Noch war es unregelmäßig, aber schon komisch. Es war immer sehr hell und viele unverdaute Stücke in der Windel. Wir schoben es auf die Umstellung der Nahrung und das sich Magen und Darm erst daran gewöhnen müssten.

Die Kita-Eingewöhnung stand bevor und wir erhielten dort einen Merkzettel, dass die Kinder bei Durchfall zu Hause bleiben müssen und erst 48 Stunden nach Genesung wieder in die Kita dürfen.

Zu diesem Zeitpunkt machte ich mir die ersten Gedanken, da es ja immer mal wieder dünn war, aber kein Durchfall im Sinne einer Magen-Darm-Erkrankung.

Und so kam es auch. Es folgte eine ständige Anruferei der Kita wegen Durchfall (natürlich kamen auch ein Haufen Infekte etc. dazu). Über ein halbes Jahr haben sie nicht eine zusammenhängende Woche in der

Kita geschafft. Hätten wir keine Eltern und Großeltern direkt bei uns, hätten wir nicht gewusst, wie wir das mit den Kind-krank-Tagen hätten machen sollen.

Irgendwann kam dann, aber ausschließlich bei Hanna, nächtliches Erbrechen dazu. Erst auch unregelmäßig und dann so gut wie jede Nacht. Es war meistens nicht sehr viel und sie ist nicht mal wach geworden.

Natürlich waren wir in der Zwischenzeit immer wieder beim Kinderarzt gewesen. Die Kinderärztin hat es aber auch immer wieder als Magen-Darm-Erkrankung gewertet. Erst als unsere Hanna immer mehr abgenommen hat und die ersten Hautfalten zu sehen waren und als ich hartnäckiger geworden bin, sollten wir eine Stuhlprobe abgeben. Das Ergebnis war natürlich, dass alles in Ordnung ist. Es konnte kein Magen-Darm-Virus gefunden werden. Aber das Problem blieb ja bestehen und so stellte sie uns eine Überweisung zur Kindergastroenterologie aus. Ich suchte daraufhin einen entsprechenden Arzt. Direkt bei uns gibt es leider keinen.

So entschieden wir uns, es einmal im Krankenhaus (wo sie geboren worden sind) zu probieren. Der nächste Termin beim Spezialisten wäre erst Monate später zu haben gewesen. Wir erhielten von der Schwester Termine für Atemtests wie zum Beispiel wegen Fructoseintoleranz (auch erst Wochen später).

Die Zeit verstrich und es wurde immer schlimmer. Auch Luise hatte jetzt fast ausschließlich dünne helle Stühle.

Da man ambulant einfach keine zeitnahen Termine erhält, entschied ich mich direkt in die Rettungsstelle zu fahren, zuerst nur mit Hanna. Gesagt getan, die Ärztin dort machte mit uns einen Termin für die stationäre Aufnahme zur Diagnostik (eine Woche später).

Ich ging für drei Tage mit Hanna in die Kli-

Was ist Zöliakie? Das Krankheitsbild.

„Zöliakie ist eine chronische Erkrankung des Dünndarms, die auf einer lebenslangen Unverträglichkeit gegenüber dem Klebereiweiß Gluten, bzw. der Unterfraktion Gliadin beruht. Gluten/Gliadin kommt in den Getreidearten Weizen, Dinkel, Roggen, Gerste und in handelsüblichem Hafer vor, sowie in den alten Weizensorten Einkorn, Emmer und Kamut® (Khorasan-Weizen).

Beim Gesunden wird die aufgenommene Nahrung im Dünndarm in ihre Bestandteile zerlegt und gelangt über die Schleimhaut in den Körper. Um eine möglichst große Oberfläche zur Nährstoffaufnahme zu erhalten, ist der Darm mit vielen Falten, den sogenannten Zotten, ausgekleidet.

Bei Zöliakiebetroffenen führt die Zufuhr von Gluten zu einer Entzündung in der Darmschleimhaut. Dies hat zur Folge, dass die Zotten sich zurückbilden. Da sich die Oberfläche des Dünndarms verringert, können nicht mehr genügend Nährstoffe aufgenommen werden. So entstehen im Laufe der Erkrankung Nährstoffdefizite, die eine Reihe der Beschwerden auslösen können. Manche der Krankheitszeichen entstehen aber vermutlich auch durch entzündliche Prozesse unabhängig von Nährstoffdefiziten. Da die Zöliakie sich nicht nur auf den Darm beschränkt, wird sie auch eher als Erkrankung des gesamten Körpers, also als eine Systemerkrankung angesehen."

Quelle: Deutsche Zöliakie Gesellschaft e.V

nik. Bereits beim ersten Aufnahmegespräch mit einem Assistenzarzt kam der Verdacht für eine Zöliakie zur Sprache. Es folgten Blutabnahmen, Sonografien des Bauches, Stuhlproben, Schweißtest, Atemtests und zu guter Letzt eine Endoskopie.

Bereits im Blut konnten stark erhöhte Gliadin-Antikörper gefunden werden und mit der Entnahme der Biopsie stand nun fest, unsere Hanna hat Zöliakie.

Mein Gedankenkarussell hat sogleich begonnen. Ich kannte diese Erkrankung bereits, meine Tante hat sie ebenso. Das bedeutet eine lebenslange glutenfreie Ernährung und man glaubt gar nicht, in welchen Lebensmitteln, Medikamenten und Kosmetikartikeln sich Gluten versteckt, ja selbst in Play-Doh-Knete ist Weizen enthalten. Ein Medikament oder Mittel gegen die Zöliakie gibt es (noch) nicht.

Mit Luise sollte ich dann ebenfalls für eine Nacht ins Krankenhaus zur Blutabnahme und Endoskopie. Auch bei ihr hat sich die Zöliakie bestätigt, typisch eineiige Zwillinge. Eine Ernährungsberaterin aus der Klinik hat uns die ersten Dinge dazu erklärt. Die Regeneration der Darmzotten dauert etwa zwölf Monate, wenn man nichts glutenhaltiges zu sich nimmt. Jede Aufnahme von Gluten entzündet den Darm erneut.

Von den ersten Anzeichen bis zum Beginn der glutenfreien Ernährung vergingen etwa zehn Monate. Sicherlich ist die Versorgung mit diesen speziellen Lebensmitteln viel besser als etwa vor 20 Jahren, aber eine Einschränkung ist sie in jedem Fall.

Hanna und Luise müssen jetzt halbjährlich zu Kontrolluntersuchungen und Blutabnahmen, da es auch zu verschiedenen Nebenerkrankungen, wie etwa Diabetes oder Schilddrüsenproblemen kommen kann.

Zu Hause konnten wir uns recht schnell umstellen. Es gibt verschiedene Firmen wie etwa Schär, Hammermühle etc. die schon sehr viel Lebensmittel ohne

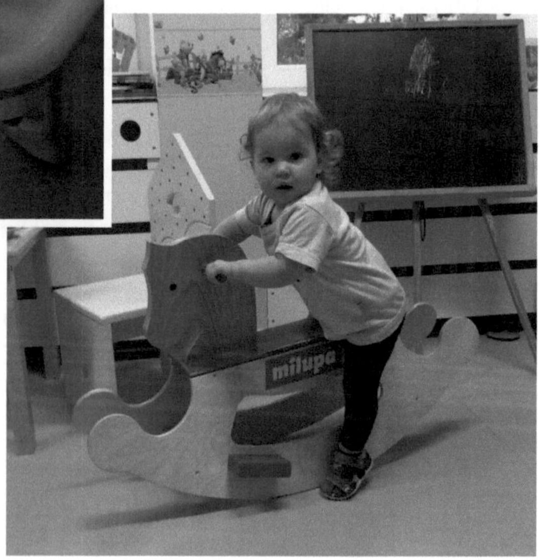

Hanna (oben) und Luise (rechts) zeigen keine Scheu vorm Krankenhaus. Mama Katja ist ja dabei. Schon schlimm, dass man selbst in dringlichen Fällen wie diesen keine ambulanten Untersuchungstermine bekommt. Was ist aus unserem Gesundheitssystem geworden?

Gluten bieten. Natürlich um einiges teurer als die gleichen Produkte mit Gluten. In großen Supermärkten erhält man hier schon ein recht großes Angebot, aber auch online kann man viel erwerben. Vor einiger Zeit gab es sogar bei NETTO eine Angebotswoche dazu und es war schnell ausverkauft (selbst im NETTO Online Shop).

Es kamen noch gewisse Hygienevorschriften dazu, wie etwa nicht den gleichen Teller benutzen auf dem man vorher ein „normales" Brötchen hatte.

Im Kühlschrank haben wir ein glutenfreies Fach eingerichtet. Ja selbst eine eigene Butter/Margarine mit den Initialen der Zwillinge beschriftet haben sie, denn schon geringste Mengen/ein Krümel reichen, um eine Entzündung des Darms wieder hervorzurufen. Man spricht hier von Kontamination (zuerst dachte ich, wir sind in einem Atomkrieg).

Opa ist stolz auf seine Mädchen - Luise (links) und Hanna.

Wir haben die Kinder bei der Deutschen Zöliakie Gesellschaft e.V. angemeldet, von hier haben wir sehr viele Broschüren, Nahrungsmittellisten, Medikamentenlisten usw. erhalten und es wird auch immer wieder aktualisiert. Gluten kann in so vielen Lebensmitteln enthalten sein, nicht nur in Brot, Mehl, Pasta und Pizza, wir lesen jede Inhaltsangabe. Nur mal zum Beispiel - Wurst, Ketchup, Gewürze, Joghurt, Eis, Schokolade, Sojasauce und und und.

Probleme treten auf, wenn wir unterwegs sind, einen Imbiss schnell mal kaufen - das ist nicht möglich. Auch nicht jedes Restaurant weiß mit der Glutenunverträglichkeit umzugehen.

Mit der Kita hatten wir anfangs auch ziemliche Probleme. Unsere Kinder sind dort die ersten mit dieser Diagnose. Wir haben zahlreiche Flyer und Informationsmaterialen für die Erzieher hinterlassen. Frühstück und Vesper geben wir mit. Das Mittagessen konnten wir über eine Sonderkost beantragen.

Mittlerweile klappt es auch sehr gut. Wermutstropfen bleiben, zum Beispiel konnten unsere Kinder nicht mit den anderen Kindern dort Plätzchen backen oder am Faschingsbüffet mitessen. Eigenes Essen müssen wir unseren beiden immer mitgeben. Auch eine eigene Keksdose haben sie und ich versuche, bei Kindergeburtstagen etwas zum Ausgleich mitzugeben wie Muffins.

Nach drei Monaten glutenfreier Ernährung hatte unsere Hanna wieder drei Kilo zugenommen. Luise hatte nie so stark abgenommen, insgesamt waren die Symptome bei ihr milder. Aber bei beiden Kindern können wir und auch die Erzieher eine deutliche Wesensveränderung feststellen. Vorher waren sie oft quengelig, haben viel geweint und waren sehr anhänglich. Jetzt sind sie fröhlich und lebenslustig.

Insgesamt kann man mit dieser Erkrankung gut leben, wenn man sich absolut glutenfrei ernährt. Aber es bleiben Wermutstropfen und man muss über gewisse Sachen mehr nachdenken und planen als es früher der Fall war. (Katja K.)

Bleibt mal locker, liebe Zwillingseltern!

Dass Erziehung mitunter Schwerstarbeit ist, das wissen vor allem Zwillings- und Drillingseltern. Lässt man den Kindern alles durchgehen, halten sie sich an gar keine Regeln mehr, ist man zu streng, fühlt sich keiner mehr wohl. Und das Problem mit der Konsequenz! Wie soll man das durchhalten? Wie gut, dass neue Ratgeber jetzt etwas Entspannung an der Erziehungsfront predigen. Wir haben sie uns angesehen.

Sheila McCraith „Erziehen ohne auszurasten. Wie ich aufhörte, meine Kinder anzuschreien - und wie Sie das auch schaffen," TRIAS Verlag, Stuttgart. 2017 ISBN 9783432101699, EUR [D] 17,99 EUR [A] 18,50. Auch als E-Book.

Erziehen ohne auszurasten - das hört sich gut an, besonders bei Zwillingen. Da kann einem schon mal die berühmte Hutschnur platzen, wenn sie sich streiten, wenn sie nicht folgen, wenn sie herumtrödeln und und und.

Dagegen hilft das von der Autorin propagierte „Orange-Rhino-Programm". Sheila McCraith hat nämlich festgestellt, dass in jedem Elternteil ein reizbares Nashorn (Rhino) steckt, das immer dann brüllt, wenn zu Hause das Chaos ausbricht: wenn sich die Mahlzeit in eine Essensschlacht verwandelt oder zur Bettgehzeit noch wild getobt wird. Wie es Eltern gelingt, in solchen Situationen nicht aus der Haut zu fahren, weiß die Mutter von vier Söhnen aus eigener Erfahrung. In ihrem Ratgeber „Erziehen ohne auszurasten" beschreibt sie ihren persönlichen Weg zum „Orange-Rhino" und lädt Eltern dazu ein, sich ebenfalls der Herausforderung zu stellen.

365 Tage ohne Wutausbruch - so lautete der Vorsatz von Sheila McCraith. Sie wollte keine schreiende, gemeine, furchteinflößende Mutter sein, sondern eine liebende, geduldige, freundliche, aber bestimmte Mama für ihre vier Söhne. Dieses Ziel fest vor Augen definierte sie für den Umgang mit ihren Kindern ein sogenanntes „Brüllometer". Damit legte sie für sich fest, welche Form der verbalen Maßregelung sie nicht überschreiten durfte: Ein kurzer scharfer Anpfiff, der die Kinder inne halten ließ, war noch zu tolerieren, eine Schimpftirade nicht. Sollte sie rückfällig werden, müsste sie wieder von vorne anfangen, um ihr Ziel, ein ganzes Jahr nicht zu schreien, umzusetzen.

Als inspirierendes Symbol für ihr Vorhaben wählte sie ein orangefarbenes Rhinozeros. „Nashörner sind von Natur aus ruhige, friedliebende Tiere, die aber aggressives Verhalten zeigen, wenn man sie ärgert", erläutert McCraith. Das Grundgemüt der Tiere entsprach für sie der Vorstellung von Gelassenheit, die sie als Mutter erreichen wollte. Die situationsbedingte Aggressivität legen Nashorn und mit ihm die Autorin durch einen Farbwechsel ab. Grau weicht orange als Symbol für Wärme und Liebe: „Orange Rhinos sind zielstrebige, dynamische Menschen, die noch nicht mal mit Worten angreifen, sondern selbst dann ru-

Weiter auf Seite 46.

Ausrasten - das kennen vor allem Zwillings- und Drillingseltern. Dieses Buch bietet gute Ansätze, die eigene Wut zu kanalisieren und es mal ohne Schreien zu probieren. Kommt auf lange Sicht auch besser an bei den Kindern. Praxiserprobt und lebensnah.

Dieses Buch (rechts) richtet sich an Über-Eltern. Kinder dürfen auch mal Fehler machen. Hier sind keine Patentrezepte für das Erziehen enthalten, wohl aber einige Aspekte zum Nachdenken.

Auch dieses Buch bietet einige praktikable Ansätze zum stressfreieren Umgang mit Kindern. Das Buch ist zwar kein typischer Zwillingsratgeber, aber mit der Situation „Konkurrenz“ haben auch Eltern einzeln geborener Kinder zu kämpfen. Und unter anderem dafür gibt es hier Tipps.

hig, liebevoll und gütig bleiben, wenn sie gereizt werden", erklärt sie.
Sheila McCraith brauchte mehrere Anläufe um ihr Ziel zu erreichen und hat dabei viel über sich und ihre Kinder gelernt. Eine ihrer wichtigsten Erkenntnisse lautet: „Ich kann nicht immer kontrollieren, wie meine Kinder sich verhalten, aber ich kann mein Verhalten kontrollieren." In 30 Geschichten beschreibt sie ihren Alltag, identifiziert ihre Schreiauslöser und schlägt teils amüsante Wege ein, um mit ihrer Wut umzugehen: „Schreien Sie die Kloschüssel an. Unbelebte Objekte haben keine Gefühle, Kinder schon."
Sheila McCraith lebt mit ihrem Mann und vier Söhnen in den USA. Nachdem sich die Amerikanerin wiederholt dabei ertappte, wie sie in Konflikten laut wurde, beschloss sie von einem Tag auf den anderen, ein ganzes Jahr nicht mehr zu schreien. Ihre Erfahrungen teilt sie in diesem Buch und auf ihrem Blog:

www.theorangerhino.com

Felicitas Römer, „Stressfreier erziehen. Einfühlen statt schimpfen.", Patmos Verlag, ISBN 978-3-8436-0916-6, 12,99 Euro.
Auch die Autorin dieses Buches hat vier Kinder, allerdings lebt Felicitas Römer in Hamburg. Sie ist systemische Paar- und Familientherapeutin, Journalistin und Autorin. Schauen wir mal, was sie zum stressfreieren Erziehen zu sagen hat.
„Die meisten Eltern wissen, das Schimpfen nicht das erzieherische Mittel der Wahl ist, sondern oft nur ein Ausdruck von Gereiztheit und Hilflosigkeit. Vielen passiert es trotzdem", schreibt die Expertin. Aber sie hat auch eine gute Nachricht: „Eine erfolgreiche und stressfreie(re) Erziehung ohne Schimpfen ist möglich!"
Und wie bringt sie uns die stressfreiere Erziehung bei? Zunächst einmal beschreibt sie sehr detailliert was „Schimpfen" ist, durch was es ausgelöst wird und was es bei den geschimpften Kindern auslöst.
Aber nicht nur das lautstarke Schimpfen kann die Eltern-Kind(er)-Beziehung negativ beeinflussen, auch das ständige Ermahnen, Ironisieren und Vorwürfe machen trägt nicht dazu bei, den Familienalltag zu entspannen.
Und bei Felicitas Tipps zum richtigen Umgang können gerade auch Zwillingseltern etwas lernen. Da heißt es zum Beispiel auf Seite 32: „Vergleichen Sie Ihr Kind niemals mit anderen, vielleicht braveren Kindern" - gerade bei Zwillingen oder Drillingen sind Vergleiche eigentlich an der Tagesordnung. Führen aber nicht zu besserem Verhalten, sondern zu noch mehr Rivalität untereinander.
Das Buch beschäftigt sich allerdings auch mit der Entwicklung der Kinder. Denn Kinder verstehen, heißt auch die Entwicklung, die mitunter rasant verläuft, zu verstehen. Die Autorin fordert Eltern auf, ihren Kindern etwas zuzutrauen und sie nicht zu blockieren. Nicht dauernd zu kritisieren, auch einmal etwas Nachsicht zu üben, sie zu ermutigen und zu loben.

Erziehungskonzept mit viel Liebe = L.O.V.E.

Schreien bringt nichts, L.O.V.E. funktioniert viel besser. L steht für „listen" - das Zuhören. O steht für „observe" - das Beobachten. V steht für „verify" - das Nachfragen. E steht für „emphatize" - sich in die Lage des Anderen versetzen. Ich kann meinen Kindern und mir auf diese Weise helfen, sich zu beruhigen und zu konzentrieren. Nicht wenn ich schreie, sondern voller L.O.V.E. bin, hören meine Kinder, was ich zu sagen habe und ich verstehe besser, warum sie sich so verhalten. (Sheila McCraith)

Das hat jetzt weniger mit dem „Schimpfen“ zu tun, aber mit dem so wichtigen Einfühlungsvermögen, dem ein weiteres Kapitel gewidmet ist.
Außerdem empfiehlt die Autorin dem Kinder gegenüber „achtsam“ zu sein. Ich persönlich mag dieses Wort überhaupt nicht - typisches Sozialpädagogen-Neusprech. Natürlich beachtet man seine Kinder, beobachtet sie und muss nicht gleich bei jedem Fehlverhalten ausrasten. Was es allerdings nutzen soll, „achtsam“ zu sein, um Stress zu vermeiden, erschließt sich mir nicht.
Aha, man soll bei einem Trotzanfall das Kind ruhig auch einmal im trotzigen Zustand akzeptieren. Mit diesem Tipp kann ich als erfahrene Zwillingsmutter und ehemals leidgeprüfte Mutter zweier stark konkurrierender Zwillinge etwas mehr anfangen.
Die letzten beiden Kapitel sind denn auch mit handfesten Tipps ausgestattet, da erfährt der Leser etwas über Anti-Schimpf-Strategien und kann lernen, wie man Erziehungskonflikte im Alltag löst.
Mein Fazit: Ein hilfreiches Buch, das auch Zwillingseltern genug Anlass gibt, über die eigenen Erziehungsstrategien nachzudenken und diese zu verbessern.

Ulrich Conrady, „Eltern entspannt Euch! Ein Appell für eine Welt, in der Kinder Gefühle zeigen und Fehler machen dürfen“, Ecowin Verlag, ISBN 978-3-7110-0102-3, 20,00 Euro. Auch als E-Book.
In diesem Buch geht es nicht um das „Erziehen“ im Sinne von Schimpfen und Maßregeln, es geht um Eltern, deren Kinder stets funktionieren sollen und zu wenig Kind sein dürfen.
„Raus auf dem Anforderungstress“ fordert der Neurobiologe Conrady. Denn das Ergebnis ständiger Anforderungen sind Schreikinder, die wahrnehmungs- und konzentrationsgestört sind und das bedeutet Überforderung für alle.
Worum geht es dem Buch? Erstes Kapitel: Kindheit zwischen Ritalin und Psychotherapie. Der Schreck, den der Leser bekommt, ist angebracht. Niemand möchte, dass seine Kinder einem solchen Stress unterliegen. Aber so sind die Bedingungen heute: Multitasking muss man sein, immer

mehr Druck statt Ruhe und Sicherheit, kaum geboren: ab in die Kita und den Hort.
Der Autor erklärt, warum wir gestresst sind und wie wir ruhig werden können. Er erklärt, warum Babys sich zu Schreikindern entwickeln und was man dagegen tun kann.
Und das gefällt mir besonders: Er geht mit der neueren gesellschaftlichen (Fehl-) Entwicklung ins Gericht, nämlich dass Kinder heute viel zu früh in fremde Hände gegeben werden, statt Geborgenheit und Bindung im und zum Elternhaus zu erfahren. Nicht falsch verstehen: Mütter sollen sich verwirklichen können, aber nicht auf Kosten der Kinder. Der Autor fordert ein „bedingungsloses Grundeinkommen" für Mütter. Nicht schlecht - das könnte ein Ansatz sein.
Weitere Themen des kritischen Buches sind „vom intuitiv richtigen Umgang mit Zeit und Leistung", „Wenn Kinder nicht richtig lernen", „Beziehung statt Medien", „wie Schall den Stresslevel senken und Leistung fördern kann" und die Kommunikation „Sprechen wir miteinander oder aneinander vorbei".
Mein Fazit: Ein Buch mit vielen positiven Denkanstößen. Auch für Mehrlingseltern.
Mehr zum Thema im nächsten Heft!

Erziehung - die besonderen Herausforderungen bei Zwillingen

Ich schreibe hier aus Erfahrung, die nach mehr als 33 Jahren „Muttersein" nichts an Aktualität verloren hat. Zwillinge stellen ihre Eltern vor ein paar handfeste und vor allem andere Herausforderungen im Erziehungsalltag. Als da sind:

Starke Konkurrenz

Zwillinge sind von Anfang an einer grösseren Konkurrenz ausgesetzt (bei Drillingen dürfte es ähnlich und doch ein bisschen anders sein). Hier treffen zwei - meist gleich starke - Individuen aufeinander. Schon bald möchte jeder schneller, besser, Sieger sein. Wie stark die Konkurrenz ausgeprägt ist, hängt davon ab, ob die Zwillinge Mädchen/Mädchen, Jungen/Jungen, Pärchen, ob sie ein- oder zweieiig sind.
Und jetzt soll mir mal einer sagen, wie er dieses Gerangel (diesen Streit, diese körperlichen Auseinandersetzungen , dieses Geschrei usw.) den ganzen Tag mit einem Lächeln erträgt? Es ist leicht, Eltern zu mehr Gelassenheit anzuregen, wenn man *keine* Zwillinge hat.

Starker Zusammenhalt

Und auch der mitunter starke Zusammenhalt unter Zwillingen kann eine ganz andere Erziehungssituation heraufbeschwören. Schon mal erlebt? Sie schimpfen (berechtigterweise) und sofort ergreifen die Zwillinge für einander und gegen Sie Partei.
Dann stehen Sie da mit Ihrer Konsequenz und Ihrem Schimpfen. Strafen funktioniert nicht. Sie sind machtlos.

Aber auch das gibt es: Meine eigenen Zwillinge beschuldigten sich gegenseitig solange, bis ich es aufgab, einen „Schuldigen" zu ermitteln.

Was erlebt Ihr in Eurem Erziehungsalltag? Schreibt an info@twins.de

Ein echtes Bilderbuch für & über Zwillinge

Silke hat Zwillinge, zwei Jungs, und einen etwas älteren Sohn. Christina hat Zwillinge, zwei Mädchen, und eine etwas ältere Tochter. Als die beiden Frauen sich trafen - im Pilateskurs - war die Idee schnell geboren: Wir machen das erste richtige Bilderbuch über und für Zwillinge. Voilà - hier ist es:

Rund um Zwillinge gibt es bislang jede Menge Sachbücher und auch die berühmten „Verwechslungsgeschichten" im Internat, aber kein Bilderbuch für die ganz Kleinen.

Das ist jetzt anders: Die beiden Autorinnen Christina Hauptmann und Silke Carl haben ein Buch für Zwillinge im Kindergartenalter geschrieben. In „Ich bin ich und Du bist Du - und zusammen sind wir Zwillinge" erzählen die Zwillingsmütter bunte Alltagsgeschichten mit Schmunzelcharakter.

Auf 36 Bilderbuchseiten mit frech-fröhlichen Illustrationen von Elke Schillai erleben zweieiige Zwillinge, wie es ist, auf den Tag genau gleich alt zu sein - aber dennoch unterschiedliche Entwicklun-

Die Autorinnen: Silke (links) und Christina

„Ich bin ich und Du bist Du - und zusammen sind wir Zwillinge" von Christina Hauptmann (hauptmannschmidt@t-online.de), Silke Carl (silke.carl@t-online.de), 14,95 €, Books on demand, auch in jedem Buchhandel - stationär oder online - zu bestellen unter ISBN: 978-3-7431-1792-1.

gen zu haben und einzigartige Talente.

Das Besondere am Buch: Das Buch kann man von zwei Seiten - also von vorne und von hinten her lesen. Das Wendebuch hat eigene Kurzgeschichten für Mädchen und eigene für Jungs, die einen werden von vorne gelesen, die anderen von hinten.

Abschließende Fragen zu jeder Geschichte laden dazu ein, mit den Kindern über die Besonderheit ihres Zwillingsdaseins zu sprechen.

Da ist nicht nur Entdeckerspaß beim Vorlesen und Anschauen garantiert, sondern auch ein bisschen Nachdenken über die besondere Situation von Zwillingen.

Das Buch ist aber auch für etwaige andere Geschwister in der Familie gedacht: denn auch die kommen in den Geschichten vor. Haben doch die Autorinnen jeweils einschlägige Erfahrungen mit älteren Geschwisterkindern.

Wir haben sie zu ihrer Idee befragt. Die Antworten dazu auf Seite 51.

„Ich bin ich und Du bist Du - und zusammen sind wir Zwillinge" kann man von vorne und von hinten lesen. Die Alltagsgeschichten handeln von Mädchen - und Jungszwillingen und von älteren Geschwistern. Illustriert wurden sie von Elke Schillai, die den Postkartenverlag „Kartenküche" betreibt - www.karten-kueche.de.

Was macht Euer Buch besonders?

Christina: Oh, vieles ... Aber zunächst einmal, dass es ein Bilderbuch bislang noch nicht gab. Rund um Zwillinge gibt es eigentlich nur Sachbücher und ansonsten Internatsgeschichten für Zwillinge ab etwa acht Jahren - aber kein Bilderbuch für die ganz Kleinen. Das wollten Silke und ich ändern.

Das Buch ist zum Drehen und Wenden? Wieso das?

Silke: Christina hat Mädchen-Zwillinge, ich Jungs. So kamen wir auf die Idee, dass von der einen Seite die Mädchen-Geschichten zu lesen sind, von der anderen Seite die Jungs-Geschichten. Und in der Mitte treffen sie sich mit einer gemeinsamen Geschichte.

Welche Art von Geschichten sind das?

Christina: Es sind Alltaggeschichten aus der Kindergarten- und Vorschulzeit unserer eigenen Zwillinge - also ganz authentisch aufgeschrieben - nur haben wir andere Vornamen gewählt ;-) Da geht es zum Beispiel darum, dass Pauline früher Rad fahren kann als Leni. Oder Hans vor Max einen Wackelzahn hat. Dafür hat Leni mehr Geduld und Max kann schneller rennen. Die Geschichten sind kurz und gut zum Vorlesen - und für die Erwachsenen sicherlich auch manchmal zum Schmunzeln.

Silke: Die kleinen Geschichten sollen auf ganz spielerische Weise zeigen, dass Zwillinge sehr unterschiedlich sein können. Dass jeder seine eigene Entwicklung hat und jeder ein anderes Talent. Vergleichen ist o.k., aber nur, wenn dabei die Stärken jedes einzelnen Kindes erkannt werden.

Ihr habt auch Geschwisterkinder in die Geschichten eingebaut, warum?

Christina: Silke und ich haben jeweils noch ein etwas älteres Kind, das ist ja in vielen Familien so, dass Zwillinge auch noch Geschwister haben. So wollten wir auch sie integrieren, weil sie schließlich eine große Rolle spielen und für sie ist es auch nicht immer leicht, gleich ein Doppelpack als Geschwister zu bekommen.

Habt Ihr eigentlich gleich einen Verlag gefunden?

Silke: Leider nein. Wir haben immer wieder gehört: Das Buch würde zu wenig Umsatz bringen. Wir wollten uns aber damit nicht zufrieden geben und haben über Jahre an unserer Idee festgehalten. Schließlich haben wir das Buch im Selbstverlag veröffentlicht (Books on demand) und auf eigene Faust eine tolle Illustratorin gewinnen können. Elke Schillai ist mit ihren Zeichnungen wirklich ein Glückgriff für uns. Wir kannten sie aus dem Internet von der Karten-Küche.

Christina: Elke hat liebevolle Details bei den Zwillingen gemalt, so dass die betrachtenden Kinder auch dazu aufgefordert sind, Unterschiede in den Zeichnungen zu entdecken. Fragen am Ende jeder Geschichte laden zum gemeinsamen Nachdenken und Sprechen ein.

Christina Hauptmann ist im Dezember 1969 in Frankfurt am Main geboren. Sie lebt mit Ihrem Mann Oliver und ihren Kindern Linda (12), Lucy und Helena (8) in Coburg. Bereits als die Zwillinge Lucy und Helena noch im Bauch waren, träumte sie als Germanistin und Redakteurin davon, ein Bilderbuch für Zwillinge zu schreiben. Als sie dann eines Tages Silke Carl kennen lernte, sollte aus dem Traum Wirklichkeit werden. Wenn Christina nicht gerade Zwillingsgeschichten schreibt oder versucht, ihren Haushalt in Griff zu kriegen, dann arbeitet sie als freie Journalistin für Zeitungen, Magazine und Unternehmen.

Dr. Silke Carl ist im Dezember 1970 in Coburg geboren, wo sie mittlerweile wieder lebt, zusammen mit ihrem Mann Dirk und ihren Kindern Jonathan (11), Henry und Moritz (9). Christina Hauptmann lernte sie beim Pilates kennen - schnell hatten die beiden Frauen ein gemeinsames Gesprächsthema: gleiche Kinderkonstellation, nur anderes Geschlecht. Ihre Begegnung sollte kein Zufall sein, denn auch Silke wollte schon immer mal ein Kinderbuch schreiben. So machten sie sich ans Werk. Silke, promovierte Biologin, entdeckte ihr Talent am Schreiben. Bis ihre Geschichten zu „Bestsellern“ werden, wird sie aber ihrem Beruf als Projektmanagerin in der klinischen Forschung treu bleiben.

ZWILLINGE UNGEFILTERT: Bereit für neue Erfahrungen

Immer mehr Mut und das ganz von selbst ...

Sigrun Eder, Autorin aus Österreich, die wir seit vier Jahren begleiten dürfen, hat sich dieses Mal Gedanken über den Mut von Janna und Astrid gemacht, Neues zu erkunden ...

Astrid und Janna wissen, wann sie bereit für Neues sind. Zum Einen haben sie sehr schnell für sich entschieden, dass ihnen das Schwimmtraining im Sportbecken missfällt. Es war zu kalt und zu tief. Verstehe ich. Vor allem das mit dem kalt sein. Denn bei zwölf Kindern, denen es zuweilen wie meinen an Mut fehlte, kam es zu Wartezeiten am Beckenrand. Astrid und Janna sind rank und schlank und erlebten das Warten als äußerst unangenehm. Sie weinten und zitterten. Die Übungen im Becken machten sie einwandfrei. Nicht einmal das positive Feedback der Schwimmtrainerin konnte etwas daran ändern, dass sie sobald sie wieder aus dem Becken draußen waren, weiter weinten und zitterten.

Nach dem ersten Training gab es Protest, beim zweiten gab es bereits Tage vorher viele Tränen und vor dem dritten Mal gab Janna vor, krank zu sein. Sie machte das so: „Mama, schau ich kann nicht in den Schwimmkurs gehen." „Wieso?", fragte ich. „Na weil ich huste. Schau ..." und Janna fing an zu husten. Als das nicht den gewünschten Effekt hatte, bekam sie plötzlich Bauchweh und wollte Astrid alleine in den Kurs schicken. Auch die Idee, das Abschlussgeschenk jetzt zu besorgen, damit sie sich darauf freuen konnten, blieb wirkungslos. Astrid musste nur noch leiden und ihr dabei zusehen zu müssen, tat mir weh. Ich kam mir vor wie eine „Tiger-Mom", die ihr Kind auf Gedeih und Verderben drillt. Das fürchterliche Weinen von Astrid und auch, weil sie nicht mehr mitmachen wollte, führte zum Ende des Schwimmkurses. Astrid hüpfte ins kleine, warme Becken und sekundenschnell versiegten die Tränen und sie war glücklich. Keine fünf Minuten später gesellte sich Janna in Tränen aufgelöst dazu. Sobald sie ein bisschen tauchte und mit ihrer Schwester Kontakt aufnahm, war auch sie glücklich. Der Anblick meiner glücklichen Töchter, war wunderschön. Dennoch war ich etwas verärgert, weil ich nicht wusste, ob wir überhaupt noch in den Schwimmkurs im warmen, kleinen Becken wechseln konnten. Ich sagte: „Wenn wir nicht in den anderen Schwimmkurs gehen können, müssen wir zu Logopädin!" Denn bei der ersten hielten sie ihre Lippen während des Termins - aber wirklich nur während - eisern geschlossen! Janna war wohl so erleichtert, vom Grauen befreit zu sein und meinte, dass sie lieber dorthin gehen würde als in das kalte, tiefe Becken. Wir hatten Glück. Vielleicht auch, weil ich so hartnäckig war, konnten wir in einen anderen Kurs wechseln und seither erlebe ich sie zufrieden, selbstbewusst und fröhlich.

Die andere Sache ist, dass Astrid und Janna Hörspiele für sich entdeckt haben. Und endlich können wir gemeinsam meine alten Bibi Blocksberg und Benjamin Blümchen Kassetten aus den 80ern hören. In mir wekken diese Stimmen Kindheitserinnerungen, vor allem weil mein Vogel Wurli (Nummer 6 in der Reihe der Wellensittiche!) es hervorragend verstand, das Starten von Bibis Hexenbesen Kartoffelfrei zu imitieren. Sehr gerne hören Astrid und Janna diese Geschichten im Auto, auf der Couch zum Entspannen oder zum Einschlafen. Insbesondere Astrid legt sich da ganz nah an den CD- und Kassetten-Spieler ran und schläft in Windeseile ein. Wehe, ich versuche leiser zu stellen oder das Gerät weiter von ihr wegzurücken, dann gibt's Gezehter! In der Bibliothek wissen die Mädels bereits genau, wo die Hörspiele sind und ich muss mich auf harte Verhandlungen einstellen. Besonders toll haben sie das Bibi Blocksberg Musical „Hexen Hexen überall" gefunden. Im Auto, auf dem Weg zum Kindergarten, wenn ich mich mit ihnen unterhalten will, sagen sie mir sehr direkt, dass ich leise sein soll.

Überhaupt sind sie sehr klar darin, was sie wollen. Ob es darum geht, sie ganz wild Anzuschaukeln, beim Erklimmen von Kletterwänden und Bäumen zu unterstützen oder sie bloß zum Kinderfest zu fahren und wieder abzuholen oder wenn sie das zweite Mal ohne Mama und Papa bei Onkel Gregor und Tante Claudia übernachten, ich kann mich verlassen. Nämlich darauf, dass Astrid und Janna wissen, wann sie mutig sind. (Sigrun Eder)

Mehr Info: **www.sigruneder.com**

Zielstrebig: Astrid (links) und Janna

Für Kinder, die keine volle Hose wollen ...

Das Bilder-Erzählbuch „Kacks ade!" eignet sich für Kinder ab etwa vier Jahre, die ihr Kacks einfach runterspülen und keine volle Hose mehr haben wollen. In der farbenfroh illustrierten Bildergeschichte geht es um Lolas stinkiges Problem. Stets landet Lolas Kacks dort, wo es nicht hingehört: in der Hose, im Bett oder sogar als Kunstwerk an den Wänden. Lola bekommt vom Kacks-Verdrücken nach einiger Zeit scheußliches Bauchweh und muss zum Arzt. Als die Medikamente Lolas Kacks endlich klein gemacht haben und es auf der Toilette raus kann, beschließt Lola, ihr Verhalten zu ändern. Die anschließenden, zahlreichen Mit-Mach-Seiten zum Aufschreiben und Aufmalen helfen Kindern, das Kacks-Problem besser zu verstehen und herauszufinden, wie sie es loswerden können. Ein Titel der Kindersachbuchreihe „SOWAS!" von Psychologin Sigrun Eder (www.sowas-buch.de).

Verlag edition riedenburg
www.editionriedenburg.at
ISBN 978-3-903085-55-8
14,90 Euro

Drillinge getrennt oder zusammen im Kiga?

Die Entscheidung Zwillinge oder Drillinge in eine gemeinsame Kindergartengruppe oder einzeln in Gruppen zu geben, ist immer schwer. Drillingsmutter Daphne wollte ihre Jungs in einer gemeinsamen Gruppe lassen - sehr zum Missfallen der Erzieherin. Schließlich sind die drei Jungs doch getrennt worden. Doch Daphne hat eine super Idee ...

Drillinge getrennt oder zusammen im Kindergarten oder zu Hause betreuen? Die Entscheidung wird immer schwierig sein, und die ultimative Lösung gibt es nicht. Die Drillinge wachsen und entwickeln sich weiter, wodurch sich auch die Konstellation ändert. Plötzlich wollen sie doch zusammen sein oder eben nicht.
Unsere Jungs sind jetzt 4 3/4 und seit einem Jahr gehen sie in den Kindergarten, unfreiwillig getrennt. Am Nachmittag kommen alle Gruppen zusammen und da sind sie wieder beieinander.

Unsere drei gehören zusammen!

Bei uns im Ort gibt es drei Gruppen, das ist praktisch. Aber, dass sie getrennt sind, war nicht unsere Entscheidung! Die Kindergartenleitung war gar nicht unserer Meinung, dass die drei ein Team sind und zusammen gehören.
Meine Gedanke ist, dass die Kindergarten- und Schulzeit über das ganze Leben betrachtet so kurz sind, dass die Jungs während dieser Jahre zusammen bleiben sollten. Wie schnell kommt die Zeit, dass sie ihre eigenen Wege gehen? Spätestens in der Hauptschule oder wenn sie erwachsen sind, eine eigene Familie gründen, werden sie sich immer weniger sehen. Wie oft sieht man seine Geschwister schon, wenn man nicht direkt im gleichen Ort wohnt?

Die Kindergartenleiterin wusste es immer besser ...

Ich glaube auch bei Drillingen wird das trotz des speziellen Bandes, das Zwillinge und Drillinge haben, nicht viel anders sein. Darum hätte ich gerne die Jungs in einer gemeinsamen Gruppe gehabt.
Nach vielem Hin und Her stimmte die Kindergartenleiterin zu. Sie ist eine ganz spezielle Persönlichkeit. Egal worum es geht, nur ihre Meinung ist die richtige. Das erschwert das Reden schon einigermaßen.
Gesagt, getan; die Jungs kamen in eine gemeinsame Gruppe. Und ob die nette Dame das nun extra entschieden hat oder nicht, unsere Jungs kamen in eine Gruppe, in der in diesem Jahr über die Hälfte neue, dreijährige Kinder sind. Die Erzieherin und ihre Helferin bemühten sich sehr, aber man konnte sehen, dass sie leicht überfordert waren.
Dazu kam auch noch, dass unsere drei mit Ach und Krach sauber waren. Den ganzen Sommer lang haben wir gebangt, klappt es oder nicht. Zwei von ihnen

hatten noch Schwierigkeiten, rechtzeitig aufs WC anzukommen. Durchfall hatten sie auch bedingt durch Laktose- und Fruktoseintoleranz, was wir zu der Zeit schon vermutet haben, aber nicht mit Sicherheit wussten. Tja, das war für die Betreuerinnen nicht so lustig.
So ging es eine Woche lang. Verständlicherweise hingen unsere drei sehr zusammen, die Situation war ja auch noch neu.

Unsere Team wollte abhauen!

Am Dienstag der zweiten Woche bekam ich einen Anruf am Vormittag. Sobald das Telefon am Vormittag klingelt, mache ich mich schon auf alles gefasst. Ich befürchte immer, dass es die Schule oder der Kindergarten sind. Geht es Euch auch so? Ein paar Stunden alleine im Haus, die herrliche Stille ... und dann: „Triiiiinnng!". Und ja, es war der Kindergarten.
Die Leiterin musste mir unbedingt mitteilen, dass zwei unserer Drillinge aus dem Kindergarten entflohen und schon auf dem Parkplatz neben dem Supermarkt waren. Sie hatte eine Weile gebraucht, bis sie die Ausreißer gefunden hatte und da dort am Hauptplatz auch das Polizeibüro ist, kam zufällig ein Polizist vorbei und half ihr suchen. Glücklicherweise ist alles dort Fußgängerzone, also waren die beiden noch nicht so richtig in Gefahr. Das war aber jetzt der Tropfen, der das Fass zum Überlaufen gebracht hatte und so sagte sie: „Wir müssen sie trennen."
Ich war überfordert mit dieser Meldung, reagierte aber total verständnisvoll, was ich aber im Nachhinein gar nicht war! Ich war froh, dass sie sie wieder gefunden hatte. Die Dame meinte, kein Kind würde die schwere Türe alleine aufkriegen, hier war Teamwork angesagt.
Lange Rede kurzer Sinn. Im Prinzip konnten die Jungs nichts dafür, sie wollten nach Hause; klar, dann geht man eben nach Hause. Nur hätte es nie passieren dürfen, dass sie sich auch tatsächlich auf dem Heimweg begeben konnten! Und das war auch sicher kein Grund, die drei zu trennen. Es war erst eine Woche vorbei!
Mein Mann und ich waren so fertig von dieser Dame, wir haben schon so viele Diskussionen mit ihr gehabt. Aber nicht nur mit ihr, scheinbar müssen Drillingseltern immer den steinigsten Weg gehen, egal wo (mit Ärzten haben wir auch schon einiges erlebt). Das geschah alles in der gleichen Periode und wir waren es einfach satt. Wir wollten uns nicht mehr dagegen stemmen. Im Kindergarten hieß es schon, wir wollten immer eine Portion Extrawurst ... In unseren Augen stimmt das nicht. Aber es gibt nicht viele, die vier (!) Kinder im Kindergarten haben, der größere Bruder ist nur 18 Monate älter. Da muss man schon schauen, dass gewisse Dinge gut geregelt sind.

Leider wurden die Drillinge getrennt.

Nun, die drei wurden getrennt. Ich war sehr traurig. Ich war nicht unbedingt dagegen, denn natürlich gibt es viele positive Seiten daran. Klar, können sie sich individuell entwickeln und klar tut es ihnen vielleicht mal gut, ohne die beiden anderen Brüder zu sein. Doch denke ich, dass, ob zusammen oder getrennt, sie entwickeln sich sowieso individuell, sie haben ja eine eigene Seele, sind eine eigene Persönlichkeit.
Mittlerweile ist die Zeit vergangenen und alles lief eigentlich wunderbar. Ich war nicht mehr traurig drum, es war eben, wie es war. Am Nachmittag waren sie auch wieder zusammen. Alles gut.

Doch nagte da was anderes an mir. Die drei spielten nicht miteinander, sie haben das Spielen nie gelernt, irgendwie. Die größere Schwester und der größere Bruder, die spielen stundenlang gemeinsam oder auch alleine, mit Lego, Fillys, Puppen usw. Die drei Wölfe, nein, die rennen nur wie die Wilden durchs Haus oder ärgern einander. Ich hatte gehofft, es würde sich bessern, wenn sie im Kindergarten sind, aber nein. Dort, ja, dort schon! Zuhause, nein, vergiss es. Buch vorlesen, nicht möglich, Spiel spielen, Fehlanzeige. Warum ist das so? Warum geht das nicht?! Auch Sylvio, der doch noch kleine, große Bruder litt sehr darunter. Er kam mit den dreien einfach nicht klar und weinte sofort bei jeder Kleinigkeit. „Ich hasse die Drillinge!" schrie er des öfteren.

Auch zu Hause lief es nicht rund - die Drillinge spielten nicht mit den Geschwistern.

So sorgt man sich immer als Mutter. Diese Unruhe im Haus machte mich echt total fertig. So schlimm, dass ich die Drillinge gar nicht mehr sehen mochte. Wieder ein Grund zur Traurigkeit. Das war der Grund, warum die drei auch am Nachmittag im Kindergarten blieben und ich nur ihren größeren Bruder abholte um 12 Uhr.
Ich brauchte wirklich ein Jahr, um die drei wieder so zu sehen wie sie sind: drei herzliche, fröhliche, total liebe Kinder, wild eben. So grübelte ich tagelang. Was, wenn ich nur einen von den dreien zu Hause hätte? Nicht zu vergessen, große Schwester und großer Bruder waren schon immer am Nachmittag zu Haus. Was, wenn wir nur einen Drilling zu Hause hätten, würde Sylvio dann auch mit ihm spielen? Würde er sich dann freuen? Würde der eine dann lernen, wie man spielt? Könnten die zwei Großen es ihm zeigen?
Zufällig sprach ich mit einer Freundin darüber. Sie war sehr lieb, sagte, sie hat sich schon so oft überlegt, wie es zu Hause für uns einfacher werden könnte. Sie hat selber drei sehr lebhafte Jungs in unterschiedlichem Alter, aber Jungs sind eben Jungs.

Die Idee: jeder darf mal zu Hause bleiben

Sie sagte: „Warum lässt du nicht eine Woche lang am Nachmittag zwei im Kindergarten, und nimmst einen mit nach Hause? Und die darauf folgende Woche nimmst du den zweiten mit nach Hause und der erste und der dritte sind gemeinsam im Kindergarten, und in der dritten Woche ist der dritte dran. Abwechselnd, das ganze Jahr durch?" Ja! Das war die Lösung!
Als mein Mann nach Hause kam, erzählte ich ihm, was wir machen könnten. Ihn sprach die Idee sofort an. So, wer redet nun mit der Kindergartenleiterin?
„Du!"
„Nein Du, ich war das letzte Mal bei ihr!"
„Aber Du kannst gut mit ihr reden.."
„Nein, das letzte Mal dachte ich, ich haue ihr noch eine ..."
„Ich möchte auch nicht mit ihr reden"
So ging es eine Weile hin und her. Doch irgendwer musste mit ihr reden. Also opferte ich mich, und ging am nächsten Tag zu ihr. Es war kurz vor den Sommerferien und unser Vorschlag, nur jeweils zwei für den Nachmittag anzumelden, dies jedoch erst nach den Ferien umzusetzen. Ich erzählte ihr von unserem Plan, machte mich innerlich schon auf erneute Gegenwehr gefasst.

„Ja! Das ist eine super Idee!"
Was? Die findet die Idee gut, das gibt´s doch gar nicht. Kann es wirklich so einfach gehen?
„Aber ...", (oh nein, jetzt kommt es ... sie muss doch immer ihren Senf dazugeben.)
„Aber, ich würde es anders machen", (ja, klar, sie würde es anders machen!)
„Ich würde alle zwei Wochen wechseln ..."
Mmmm.... Nein, finde ich nicht gut, dann müssten die Jungs vier Wochen warten, statt zwei, bis sie wieder zu Hause sein dürfen. Und siehe da, sie fand es einfach prima. Kein wenn oder aber oder Versicherung hier oder Gesetz da. Mit der Zahlung auch kein Problem, wir zahlen einfach für zwei! Und so war´s geregelt!
Seit September dieses Jahres ist nun immer einer von den dreien zu Hause. Anfangs war Sylvio noch nicht so begeistert, ich musste schwere Überzeugungsarbeit leisten.
„Du bist der große Bruder, zeig' ihm mal, wie das geht, du kannst das doch viel besser. Nein, jetzt macht er nichts kaputt, du wirst sehen, versuch es einfach mal!"
Es läuft echt super! Auch die große Schwester ist total lieb und sie spielen zu dritt! Frieden im Haus, ich träume wohl? Ach, die große Schwester, die weiß doch alles! Also, wenn sie zum kleinen Bruder sagt: „Fahr mal mit deinem Fahrrad von der kleinen Sprungschanze herunter ..." - dann geht das doch, da muss er sich doch gar nichts erst überlegen. Auweia, in der dritten Woche hatten wir schon den ersten Unfall, fünf Nähte im Kinn und ein Arm im Gips. Doch das drückt die Stimmung nicht im Geringsten.
Die Kinder sind ein Traum. Auch am Wochenende, wenn wir mit der ganzen Familie zu Hause sind und was miteinander unternehmen, läuft alles viel harmonischer. Die Jungs spielen jetzt auch miteinander, ohne sofort los zu schlagen, zu schreien, zu weinen oder Sachen kaputt zu machen.
Oh, keine Bange, Engel werden sie nie werden, sie streiten sich noch oft genug, aber es wird gespielt! Sie spielen auch immer mehr alle fünf gemeinsam. Man sieht jetzt, dass der geringe Altersunterschied nun fein ist, sie haben fast die gleiche Interessen.
Endlich läuft mal was im Leben wie geplant! (Daphne M.-H.)

info@drillinge-austria.at

Große Zwillinge - andere Sorgen ...

Zwillingsmutter Irmgard ist seit vielen Jahren Leserin der Zeitschrift ZWILLINGE. Sie hat den tollen Aufkleber entworfen („Zwillinge - einfach kann's ja jeder"). Sissy und Max sind schon erwachsen. Heute erinnert sich Irmgard an die Schulzeit - als die Eltern nicht mehr helfen konnten.

Unsere Zwillinge Sissy und Max sind jetzt schon 18 Jahre alt. Die Zeit rast einfach an einem vorbei.

Das waren noch Zeiten!

Jetzt habe ich beim Aufräumen einen Brief an die Zeitschrift ZWILLINGE gefunden. Da wurden die beiden gerade mal 12 Jahre alt und besuchten die sechste Schulklasse. Sissy im Gymnasium, Zwillingsbruder Max in der Realschule.

Die beiden verstehen sich immer noch ganz gut - bis auf die normalen Streitereien, wie sie bei allen Geschwistern vorkommen. Es klappt also noch prima mit den beiden.

Der blöde Spruch „Kleine Kinder kleine Sorgen - große Kinder große Sorgen" stimmt allerdings in allen Lagen.

Früher waren es die Blähungen, die uns Eltern zu schaffen machten, weil sie den Zwillingen zu schaffen machten, dann kam das Zahnen, dass die Zwillinge wach hielt und uns auch.

Jedes Alter hat seine „Tücken" ...

Weiter ging es mit dem Kindergarten, bei

Mädchen haben in diesem Alter die Nase oft vorn: Max und Sissy verstehen sich trotzdem gut.

dem wir uns Gedanken machen mussten, ob wir Sissy und Max in eine gemeinsame Gruppe geben oder nicht.
Und jetzt eben die Schule. Man bleibt - notgedrungen - ganz schön fit mit den Kindern. Und der Spruch, dass man spätestens in der siebten Klasse als Eltern „aussteigt", weil man die Materie nicht mehr beherrscht. Es ist wirklich wahr und kommt bald auf uns zu ... Wir werden die Kinder aber schon schaukeln ...
(Irmgard F.)

PS. Das neue ZWILLINGE ist viel handlicher - man kann es überall lesen: In der Badewanne, beim Autofahren (natürlich nur als Beifahrer), man kann es schnell man in die Handtasche einschieben, zum Beispiel um Wartezeiten bei Arzt zu verkürzen ...

Anm. d. Red.: Wie ist es weitergegangen? Vielleicht gibt's demnächst ein „Update"? Wir würden uns freuen.

Mädchen-/Jungenzwillinge - wie unterschiedlich verläuft die Entwicklung?

An den Zwillingen Sissy und Max sehen wir, dass Pärchenzwillinge oft verschiedene Schultypen besuchen. Ist das immer so?

Die Erfahrung zeigt, dass es meist die Mädchen sind, die bei Pärchenzwillingen die Nase vorn haben. Vor allem, was die Entwicklung von sprachlichen Fähigkeiten und auch von sozialem Verhalten angeht.
Nicht selten bemuttern die Zwillingsmädchen ihre Zwillingsbrüder und passen auf sie auf wie eine „große" Schwester. Und die kleinen Zwillingsjungs lassen sich das eine Zeitlang ganz gut gefallen. Ist ja auch bequem, wenn einem die Schwester das Schulzeug nachträgt oder aufgepasst hat, welche Hausaufgaben aufgegeben worden sind.

Jungs emanzipieren sich.

Der Wendepunkt kommt meist mit der, bzw. nach der Pubertät. Die Jungs holen auf und wollen sich auch nicht länger von der eigenen Schwester bevormunden lassen. Sie emanzipieren sich quasi. Und ja, es ist auch der Zeitpunkt, zu dem sich spätestens unterschiedliche Interessen herauskristallisieren. Mädchen lieben Pferde. Jungs - so klischeehaft das klingt, stehen mehr auf Fußball. Die Wege in Schule und Freizeit trennen sich und das ist auch gut so.
Wenn der „Schub" kommt, holen Jungs auch in der Schule auf. Uns so wird aus einem Realschulbesuch vielleicht doch noch die Fachoberschule, die FOS.

Ein eigener Weg ist immer besser.

Und auch wenn nicht. Eltern sollten sich von der Vorstellung frei machen, dass Zwillinge immer alles zusammen oder gleich machen müssen.
Gerade die von außen hereingetragene Konkurrenz macht nämlich dem Zwillingspaar oft das harmonische Zusammenleben schwer.
Wer seine Zwillinge aufmerksam begleitet, wird feststellen, dass es für jedes Kind einen eigenen Weg gibt. Und dass es gar keinen Sinn macht, die Zwillinge auf eine gemeinsame Linie bringen zu wollen. Wie ist es bei Euch gelaufen? Schreibt uns an ***info@twins.de***

Zwillinge: Warum das Herz rechts schlägt ...

Warum schlägt das Herz bei einigen siamesischen Zwillingen nicht auf dem „rechten Fleck“? Dem Entwicklungsbiologen der Universität Hohenheim, Prof. Dr. Martin Blum, ist es gelungen, herauszufinden, woran das liegt.

Biologen der Uni Hohenheim, Stuttgart, haben jetzt einen wichtigen Schritt in der Embryonalentwicklung siamesischer Zwillinge entschlüsselt, der dazu führt, dass die Organe eines Zwillings seitenverkehrt angeordnet sind.

Siamesiche Zwillinge teilen sich einen Körper und sind doch oft das genaue Gegenteil voneinander - zumindest im Inneren. Siamesische Zwillinge faszinieren Forscher schon seit Jahrhunderten, dennoch blieb ein Rätsel bisher ungelöst: Warum sind bei jedem zweiten rechtsseitigen Zwilling die inneren Organe spiegelverkehrt?

Entwicklungsbiologe Prof. Dr. Martin Blum fand heraus: Ursache ist ein bestimmtes Protein im Embryo des linken Zwillings, das die Organverteilung in beiden Körpern anstößt. Dieses Ergebnis veröffentlicht die internationale Fachzeitschrift „Current Biology“ diese Woche als Titelstory.

Das Herz schlägt links: So ist das bei den meisten Menschen. Bei siamesischen Zwillingen, ist das häufig anders - aber nur im Körper des rechten Zwillings von Paaren, die an Brust oder Bauch zusammengewachsen sind. Das ist bei 70 Prozent der siamesischen Zwillinge der Fall. Bei jedem zweiten von ihnen sind die inneren Organe des rechten Zwillings spiegelverkehrt angeordnet, das Herz sitzt rechts.

Bei Wirbeltieren und Menschen werden die Weichen für diese Entwicklung bereits im Alter von wenigen Tagen bis Wochen gestellt. Entsprechende Forschungsergebnisse publizierten Prof. Dr. Blum und seine Mitarbeiter Mathias Tisler und Dr. Thomas Thumberger jetzt in der aktuellen Ausgabe von „Current Biology“.

Protein-Bremse sorgt für einen kugelrunden Start

Drei Asymmetrie-Gene sorgen in diesem Entwicklungsstadium dafür, dass sich das Herz mit der Spitze nach links ausrichtet und auch die inneren Organe asymmetrisch ausbilden.

In den ersten Tagen nach der Befruchtung werden diese Gene noch von einem bestimmten Protein blockiert. Der Embryo entwickelt sich perfekt symmetrisch. Doch bereits nach wenigen Tagen vollzieht sich im Embryo eine ganze Kette von Ereignissen, die diese Gen-Bremse in den Zellen der linken Körperhälfte lösen.

„In der Folge wandert das Herz nach links, die Leber nach rechts, die Herzkammern werden unterschiedlich ausgebildet. Wird die Protein-Bremse jedoch nicht gelöst, dann bleiben die Asymmetrie-Gene unterdrückt. Als Ergebnis müssen sich die Organe dann zufällig anordnen", erklärt Prof. Dr. Blum. „Bei 50 Prozent der betroffenen Lebewesen sitzen sie am gewohnten Platz. Bei den anderen 50 Prozent auf der entgegengesetzten Körperseite."

Zell-Härchen (Cilien) geben den Anstoß zur Asymmetrie

An wenige Tage alten Froschembryonen konnte Prof. Dr. Blum in vorangegangenen Forschungsprojekten nachvollziehen, wie eine vier- bis sechsstündige Ereigniskaskade die Protein-Bremse löst. Verantwortlich dafür sind Cilien: winzige Härchen auf der Oberfläche bestimmter Zellen in dem Bereich des Embryos, aus dem sich später der Darm entwickelt.

Die Cilien sind so angeordnet, dass sie sich wie Propeller im Kreis bewegen. Dabei verursachen sie einen Flüssigkeitsstrom, der sich außerhalb dieser Darmzellen von rechts nach links bewegt. Links des Cilienfeldes gibt der anbrandende Flüssigkeitsstrom den Zellen das Signal, die Protein-Bremse zu lösen. Rechts des Cilienfeldes fehlt das Signal: Die Protein-Bremse bleibt intakt.

Auf diese Weise gibt dieser Flüssigkeitsstrom den Startschuss für die asymmetrische Ausprägung der Organe. „Das ist wie ein Domino-Effekt: von da an nicht mehr zu bremsen", verdeutlicht Prof. Dr Blum.

Linker Zwilling blockiert die Entwicklung des rechten Zwillings

Die gleiche Ereigniskaskade findet auch bei siamesischen Zwillingen statt. Beim rechten und linken Zwilling geben die Cilien gleichermaßen das Signal zum Aussetzen dieses Inhibitor-Proteins. Während das beim linken Zwilling auch geschieht, hat der rechte jedoch ein Problem: Seine linke Körperhälfte überlappt sich mit dem rechten Bereich beim linken Zwilling.

Hier wird das Brems-Protein jedoch nicht gelöst, sondern strahlt sogar noch auf den rechten Zwilling aus. Die Folge: Beim rechten Zwilling werden die Asymmetrie-Gene nicht aktiviert, die Organe entwickeln sich zufällig - und bei jedem zweiten rechtsseitigen Zwilling eben spiegelverkehrt.

Kaulquappen ermöglichen Erforschung des Phänomens

In der Natur sind siamesische Zwillinge ausgesprochen selten (beim Menschen: 1 von 50.000 Fällen). Für ihre Forschung beeinflusste die Arbeitsgruppe um Prof. Dr. Blum im Labor deshalb Froscheier kurz nach der Befruchtung so, dass sich die Embryonen als siamesische Zwillinge ausbildeten.

Auch die folgenden Untersuchungen waren bereits 4 bis 5 Tage nach der Befruchtung abgeschlossen. „Weil sich Froschembryonen im Wasser entwickeln und das Herz von außen zu sehen ist, konnten Matthias Tisler und Thomas Thumberger die Lage der Organe bereits zu diesem Zeitpunkt analysieren", berichtet Prof. Dr. Blum.

Die Froscheier und Spermien stammen von Krallenfröschen aus der Laborhaltung der Universität Hohenheim.

Antwort auf eines der ältesten Rätsel der Entwicklungsbiologie

Mit den Forschungsergebnissen löst die Arbeitsgruppe eines der ältesten Rätsel der experimentellen Entwicklungsbiologie. Seit dem späten 19. Jahrhundert grübeln die Gründer der experimentellen Embryologie über das Phänomen der gespiegelten Organe bei 50 Prozent der rechten Zwillingsgeschwister berichtet Prof. Dr. Blum. Dazu gehörten Pioniere wie der Franzose Camille Dareste, der Schweizer Hermann Fol und der gebürtige Stuttgarter Hans Spemann.

Die letzten klassischen Arbeiten dazu stammten von diesem Stuttgarter Nobelpreisträger. „Das war im Jahr 1918. Doch die Frage nach dem Warum blieb weitere 100 Jahre offen. Jetzt können wir sie beantworten."

Kein höheres Leben ohne Asymmetrie: Auch höheres Leben beginnt zwar mit einer kugelrunden, perfekt-symmetrischen Zelle. Allerdings hat erst der Bruch des Lebens mit der Spiegelachse den Menschen und Höheres möglich gemacht. Die Asymmetrie sorgt dafür, dass sich das Herz asymmetrisch entwickelt, mit unterschiedlich großen Kammern und zwei Blutkreisläufen für Lunge und Körper.

Im Gehirn übernehmen beide Hälften unterschiedliche Aufgaben. „Ohne Asymmetrie hätten wir in der linken Hirnhälfte kein Sprachzentrum - und wären damit keine Menschen", so Prof. Dr. Blum. Gleichzeitig handelt es sich bei dem Erfolgskonzept um eine der ältesten Erfindungen der Evolution, wie Forschungen an der Universität Hohenheim bereits in der Vergangenheit belegten.

Zum Glück, denn wenn die innere Ordnung gestört ist, können zum Teil schwere Krankheiten die Folge sein: „Statistisch treten solche Fälle bei ca. einem von 1.000 Neugeborenen auf. „Die Folgen reichen von Herzfehlern bis zum Fehlen der Milz. Auch eine häufige Nierenerkrankung des Menschen, das Zystennierensyndrom, lässt sich auf Defekte in der Cilien-Funktion eines Gens zurückführen, das im frühen Embryo die Asymmetrie steuert", erklärt der Entwicklungsbiologe.

(Text: Barsch / Klebs)

Dänemark - immer eine gute Idee

Der sogenannte „Weißwurst-Äquator“ (der Main) trennt Urlauber in welche, die es in den Süden zieht und die anderen, die gern im Norden Urlaub machen. Zum Beispiel Svenja mit ihren Zwillingen Erik und Lennart, die schwören auf Dänemark.

Im Herbst 2016 sind wir vier, gemeinsam mit meinen Eltern, nach Dänemark, an die Nordseeküste gefahren. Es war unser erster Urlaub mit den Kindern. Unsere Zwerge, zwei Jungs, waren zu diesem Zeitpunkt 13,5 Monate alt. Wir haben auch schon vor den Kindern ein- bis zweimal im Jahr in Dänemark Urlaub gemacht, weil wir Land und Leute lieben. Für uns sind diese Urlaube Entspannung pur.

Umso gespannter waren wir auf diesen ersten Urlaub mit Kindern. Das war natürlich ein ganz anderer Urlaub als gewohnt, aber genauso schön und wir haben das Land nochmal mit Kinderaugen kennen gelernt.

Die beste Jahreszeit ist natürlich Frühling/Sommer und mit Kindern am besten in der Saison. In der Nebensaison, außerhalb der Ferien und der typischen Touristenzeiten, können einige Restaurants, Museen und Vergnügungsparks geschlossen haben. Am besten informiert man sich vorher online.

Wir wohnen in Schleswig-Holstein, daher ist für uns die Anreise, egal wie weit hoch wir fahren, nicht weit und auch in jedem Fall an einem Tag machbar.

Unser Zielort war dieses Jahr der Ort Houstrup, nahe Nörre Nebel und Henne Strand. Hier haben wir schon viele schöne Urlaube verbracht.

Wir haben ein Ferienhaus gemietet, waren also Selbstversorger. Es gibt in Dänemark aber auch Ferienzentren, Pensionen und Hotels.

Für uns ist ein Urlaub im Ferienhaus schöner, da man einfach unabhängiger ist.

Diese Ferienhäuser gibt es in allen möglichen Größen und Varianten. Ein Poolhaus hat sich diesen Urlaub für uns noch nicht richtig gelohnt, ist aber mit älteren Kindern eine gute Idee, vor allem wenn man zu einer Jahreszeit reist, wo das Wetter nicht mehr unbedingt mitspielt.

Oft sind die Häuser auch Energiesparhäuser. Unsere Jungs haben das Ferienhaus ganz toll angenommen und haben dort auch sehr gut geschlafen. Die Leute in Dänemark sind sehr kinderlieb, so hatten wir auch in Cafés und Restaurants viele schöne Momente, wobei Zwillinge ja generell ein Magnet sind ;-))

Toll sind an der Westküste die langen Sandstrände und die Dünen. Die Strände laden kleine Zwerge zum Entdecken ein und größere Kinder können dort Drachen steigen lassen. Unsere Jungs haben das raue Klima genossen, im Sand gespielt und sich den Wind um die Nase wehen lassen.

Die Museen sind absolut klasse und kindgerecht. Man darf fast alles anfassen und sie sind häufig zum „Mitmachen" konzipiert. Kinder lernen spielerisch und auch der Rest der Familie wird jedes Mal gern wieder zum Kind.

Urlaube in Dänemark sind überwiegend Entspannungsurlaube. Nur die großen Städte und Touristenorte haben viele Bars und Restaurants, die laden natürlich auch zum Feiern und Schlemmen ein. Wer allerdings auf Partyurlaube aus ist, wäre an der Westküste in den typischen Feriengebieten fehl am Platz.

Wir sind immer an der Nordsee, sprich an der Westküste. Es gibt dort so viele schöne Ecken. Die Gegend um Houstrup bis Blavand ist absolut empfehlenswert. Hier vereinen sich tolle lange Strände mit schönen Kiefernwäldern.

Auflugtipps in dieser Region:

- Legoland Billund (circa eine Stunde entfernt);
- Blavand (bietet Strand und Shopping, sowie einen Leuchtturm, den man besichtigen kann, ist circa 30 bis 40 Minuten entfernt);
- Esbjerg (Spazieren am Hafen, Fischerei und Küstenmuseum und Shopping, ist circa 45 Minuten entfernt);
- Hvide Sande (Fischerort mit Hafen, kleinen Cafès und Strand, ist circa 30 Minuten entfernt);
- Ribe (Dänemarks älteste Stadt - wunderschön mit vielen Museen beispielsweise Wikingermuseum, ist circa eine Stunde entfernt);
- das Farm Cafè (kuscheliges kleines Café in Houstroup, mit der besten

Blaubeertorte von ganz Dänemark ;-))
- Blaabjerg (Naturschutzgebiet nahe Houstrup, mit schönen längeren und kürzeren Wanderwegen)

Wärmstens empfehlen können wir auch die folgenden Regionen:

- Ringköbing Fjord (die Feriengebiete von Bjerregard bis Söndervig);
- Nissum Fjord bis Limfjord (besonders die Feriengebiete Vejlby und Vrist);
- und natürlich Dänemarks Norden - die Jammerbucht mit Skagen.

Um diese drei Regionen näher zu beschreiben, müsste ich einen extra Bericht schreiben, so viel Sehenswertes an Städten, Dörfern und Museen gibt es da ... Am besten schaut Ihr Euch das selbst an ;-))

Anmerken muss ich nur noch, dass natürlich auch die Ostseeseite schöne Ecken hat, vor allem Kopenhagen ist absolut sehenswert, aber da wir die Ostsee quasi vor der Haustür haben, haben wir dort noch keinen Urlaub verbracht.

Die folgenden Ferienhausanbieter kann ich empfehlen:

- www.dancenter.de
- www.novasol.de
- www.feriepartner.de
- www.schultz-houstrup.de
- www.nordseeurlaub.dk

Bella Italia - Gianni lädt an die Adria ein

Das Hotel Acquamarina freut sich auch in diesem Sommer auf Gäste aus Deutschland. Hotelier Gianni spricht sehr gut Deutsch und freut sich immer wieder über Zwillingseltern, die bei ihm Urlaub machen.

Wer ein bezahlbares Reiseziel mit Zwillingen sucht, kann hier günstig an der Adria Urlaub machen. Es gibt auch in diesem Jahr schöne Rabatte für Familien mit Kindern. Mehr Information hier: Hotel Acquamarina, Via Virgilio 106, I-47814 Bellaria - Igea Marina, Telefon 0039-0541-331882, E-mail: info@hotel-acquamarina.it,

www.hotel-acquamarina.it

Bisher erschienene Ausgaben von ZWILLINGE - *das Magazin*

Folgende Ausgaben unserer neuen Zeitschrift sind jederzeit & immer zu haben unter www.twins.de und auf allen gängigen Internet-Buchbestell-Portalen. Als Buch für 9,90 €, als E-Book für nur 7,99 € (nur bis Ausgabe 17). Von Ausgabe 01 bis inklusive Ausgabe 20 wurde das Magazin unter dem Titel: „Das neue ZWILLINGE Magazin" veröffentlicht. Danach haben wir die Zeitschrift umbenannt, damit sie im Internet besser gefunden wird.

- Das neue ZWILLINGE Magazin - Ausgabe 01: ISBN 978-3-927058-22-4 (print 9,90 €)
- Das neue ZWILLINGE Magazin - Ausgabe 02: ISBN 978-3-927058-25-5 (print 9,90 €)
- Das neue ZWILLINGE Magazin - Ausgabe 03: ISBN 978-3-927058-28-6 (print 9,90 €)
- Das neue ZWILLINGE Magazin - Ausgabe 04: ISBN 978-3-927058-32-3 (print 9,90 €)
- Das neue ZWILLINGE Magazin - Ausgabe 05: ISBN 978-3-927058-36-1 (print 9,90 €)
- Das neue ZWILLINGE Magazin - Ausgabe 06: ISBN 978-3-927058-53-8 (print 9,90 €)
- Das neue ZWILLINGE Magazin - Ausgabe 07: ISBN 978-3-927058-60-6 (print 9,90 €)
- Das neue ZWILLINGE Magazin - Ausgabe 08: ISBN 978-3-927058-65-1 (print 9,90 €)
- Das neue ZWILLINGE Magazin - Ausgabe 09: ISBN 978-3-927058-67-5 (print 9,90 €)
- Das neue ZWILLINGE Magazin - Ausgabe 10: ISBN 978-3-927058-73-6 (print 9,90 €)
- Das neue ZWILLINGE Magazin - Ausgabe 11: ISBN 978-3-927058-79-8 (print 9,90 €)
- Das neue ZWILLINGE Magazin - Ausgabe 12: ISBN 978-3-927058-82-2 (print 9,90 €)
- Das neue ZWILLINGE Magazin - Ausgabe 13: ISBN 978-3-927058-84-2 (print 9,90 €)
- Das neue ZWILLINGE Magazin - Ausgabe 14: ISBN 978-3-927058-90-4 (print 9,90 €)
- Das neue ZWILLINGE Magazin - Ausgabe 15: ISBN 978-3-927058-93-4 (print 9,90 €)
- Das neue ZWILLINGE Magazin - Ausgabe 16: ISBN 978-3-927058-95-8 (print 9,90 €)
- Das neue ZWILLINGE Magazin - Ausgabe 17: ISBN 978-3-927058-97-2 (print 9,90 €)
- Das neue ZWILLINGE Magazin - Nr. 18: ISBN 978-3-927058-99-6 (nur print - 7,99 €)
- Das neue ZWILLINGE Magazin - Nr. 19: ISBN 978-3-927058-39-2 (nur print - 7,99 €)
- Das neue ZWILLINGE Magazin - Nr. 20: ISBN 978-3-927058-43-9 (nur print - 7,99 €)
- ZWILLINGE - DAS MAGAZIN - Nr. 21: ISBN 978-3-927058-46-0 (nur print - 7,99 €)
- ZWILLINGE - DAS MAGAZIN - Nr. 22: ISBN 978-3-7431-4165-0 (nur print - 7,99 €)
- ZWILLINGE - DAS MAGAZIN - Nr. 23 wird nicht erscheinen
- ZWILLINGE - DAS MAGAZIN - Nr. 24 ISBN 978-3-7431-6633-2 (nur print - 7,99 €)
- ZWILLINGE - DAS MAGAZIN - Nr. 25 ISBN 978-3-7431-7302-6 (ab 7,99 € print)

Jedes Magazin (Buch) 9,90 € portofrei im Internet oder plus Porto 1 € über www.twins.de - bis Ausgabe 17 auch als E-Book, ab Ausgabe 18 nur noch print für 7,99 € bei Amazon & anderen Portalen. Ab Nr. 25 auch wieder in E-Book-Version.

Nächste Ausgabe: ZWILLINGE - DAS MAGAZIN - Ausgabe 27 = Juli/August 2017 voraussichtlich ab 31. Juli 2017*) Info zum Erscheinungstermin immer auf www.twins.de

***) da das Heft bei Books on Demand produziert wird, können wir keinen definitiven Termin für das Erscheinen angeben, da wir auf die Produktionszeiten von BoD keinerlei Einfluss haben.**

1-er, 2-er, 3-er Vehikel und mehr
MOBIL mit Kindern
www.zwillingsburg.de
Zwillingswickelauflage
Zwillingswiege
Unsere Zwillingsausstattung? Na klar von www.zwillingsburg.de!
• Der Spezialist für Mehrlingsartikel
• 10 % Zwillingsrabatt auf viele Artikel
• Lieferung auf Abruf: Wir lagern gerne Ihre Bestellungen bis zur Geburt
Gerne beraten wir Sie rund um das Thema Mehrlinge!
Annette Wulf · Tel. 08 41 – 15 96 736 · info@zwillingsburg.de · www.zwillingsburg.de

SCHÖNE MODE UND GESCHENKE FÜR ZWILLINGE, MÄDCHEN UND JUNGEN!
LiebZwei
DIE EINZIGARTIG SIND
www.liebzwei.de

Hannes & Ole endlich wieder gleich

Dass sich bei eineiigen Zwillingen die Zähne ähnlich entwickeln und auch gleichzeitig ausfallen, wissen wir ja. Aber bei den eineiigen Zwillingen Hannes und Ole war das ganz anders. Mama Michaela erzählt:

„Ole (hier links) hatte seit dem 11.11.2011 durch einen Unfall bei uns zu Hause (sein Bruder Hannes ist mit ihm zusammen gestoßen) die zwei Schneidezähne verloren. Bis gestern hatte Hannes genau an der Stelle Wackelzähne ... bei einem Zahnarztbesuch hat er jetzt aber zur Zahnärztin gesagt, sie soll sie ziehen - kurz und schmerzlos war es dann passiert. Zähne eingepackt und heim ging es zum Fotoshooting.
Zur Zeit sind die beiden vom Aussehen mal wieder sehr ähnlich."
(Michaela B.)